Siegfried Rentrop / **Buchführung und Bilanz**

Betriebswirtschaftliche Schriften

Heft 4

Buchführung und Bilanz

Ein Beitrag zur Theorie und Geschichte
der doppelten Buchführung

Von

Dr. Siegfried Rentrop

Wirtschaftsprüfer

DUNCKER & HUMBLOT / BERLIN

Alle Rechte vorbehalten
© 1958 Duncker & Humblot, Berlin
Gedruckt 1958 bei Max Schönherr, Berlin N 65
Printed in Germany

Vorwort

Über das „Wie" der Gestaltung von Buchführung und Bilanz ist im Laufe der Jahre eine reichhaltige Literatur entstanden; in den meisten Fällen hat man die vorhandenen Formen beschrieben und nach dem „Warum" kaum gefragt. Seltsamerweise meint selbst Schmalenbach, der tiefschürfende Theoretiker, in seinem 1953 erschienenen Buch über die Buchführung, auf eine plausible Erklärung der „Doppik" käme es nicht an, die Hauptsache sei, daß man die Spielregeln beherrsche. Der routinierte Praktiker denkt zweifellos im Laufe der Jahre nicht mehr in Buchungsansätzen, sondern er weiß visuell, wo der einzelne Posten zu stehen hat.

Es unterliegt wohl keinem Zweifel, daß man die doppelte Buchführung und die Bilanz nicht als nebensächliches Problem der Betriebswirtschaftslehre bezeichnen kann, um so mehr muß es Wunder nehmen, daß es eine allgemein anerkannte, theoretische Erklärung der doppelten Buchführung bis heute nicht gibt und daß beispielsweise *bei der in die Tausende gehenden Sammlung Kölner Diplomarbeiten die Theorie der doppelten Buchhaltung bisher nicht behandelt wurde.*

Hier soll nun der Versuch gemacht werden, zunächst einmal diese Lücke auszufüllen. Es handelt sich also nicht um ein Lehrbuch für den Schulunterricht, sondern ich möchte diejenigen ansprechen, deren Lebensarbeit der Rechnungslegung gewidmet ist. Infolgedessen verzichte ich auch darauf, hier die in allen Lehrbüchern enthaltenen bekannten Köpfe für amerikanische Journale, Hauptabschlußübersichten, Betriebsabrechnungsbogen usw. zu wiederholen. Ebenso liegen Fragen der Bewertung und der Besteuerung außerhalb des Rahmens dieser Arbeit. Dadurch wird Raum frei für bisher wenig oder selten behandelte Fragen.

Meine Ausführungen stützen sich auf mein Studium an der Universität Köln, meine eigene Lehrtätigkeit, eine praktische Beschäftigung mit Buchhaltung und Bilanz seit nahezu 40 Jahren und auf meine Tätigkeit als Vorstand der Schmalenbach'schen Treuhand Aktiengesellschaft.

Inhalt

I. Zur Geschichte der doppelten Buchführung ... 9

II. Die Bilanztheorie der fortgesetzten Parallelverrechnung 16
   1. Die Zwecke des Rechnens im Betriebe 16
   2. Das Konto als Subtraktionsschema 17
   3. Die Bilanz als fortgesetzte Parallelverrechnung von Besitz und Eigentum 18
   4. Die vier Arten von Bilanzveränderungen 20
   5. Die gemischten Konten 23

III. Ordnungsgrundsätze für die Gliederung der Konten 25
   1. Allgemeine Überlegungen 25
   2. Die Entstehung der Normen 27
   3. Kontenrahmen und Kontenpläne 28
   4. Finanzbuchhaltung und Betriebsbuchhaltung 33
   5. Der bilanzorientierte Kontenrahmen 35
   6. Abschlußgliederung nach dem Aktiengesetz von 1937 ... 45
   7. Die Eigenbetriebsverordnung 52
   8. Grundpläne für die Selbstkostenrechnung 52
   9. Leitgedanken für einen allgemeinen Kontenrahmen 53
      a) Der Vorschlag der UEC 53
      b) Der Vorschlag Dr. Carl Ernst Schulz, Düsseldorf ... 54
      c) Der Vorschlag Dr. Rentrop, Köln 57

IV. Buchhaltungsverfahren 61
   1. Übertragungsverfahren 61
   2. Durchschreibeverfahren 62
   3. Maschinelle Buchungsverfahren 63
      a) Rechnende Schreibmaschinen 63
      b) Schreibende Rechenmaschinen und rechnende Schreibmaschinen 64
      c) Kontrollkassen und Registriermaschinen 65
      d) Lochkartenverfahren und elektronische Automation 65
   4. Abschlußtechnik 68

V. Die Entwicklung der kaufmännischen Buchführung aus der Kameralistik 74

Schlußwort 87

Anlagen 88

Literaturverzeichnis 90

I. Zur Geschichte der doppelten Buchführung

Im Vorwort wies ich darauf hin, daß es an Beschreibungen der Spielregeln der doppelten Buchführung nicht fehlt, daß aber die Frage nach dem „Warum" der Doppik in der Regel nur sehr unvollkommen beantwortet ist. Ich habe die Probe aufs Exempel gemacht und im Laufe der letzten Zeit einer ganzen Reihe von Akademikern und Praktikern die Frage vorgelegt, wie die Doppik zu erklären sei. Dabei war erstaunlich, daß die Antwort sehr häufig lautete: Darüber haben wir noch nicht nachgedacht, die Hauptsache sei doch, daß man die Spielregeln als solche kenne.

Die Anwendung der Doppelverbuchung erklärt sich nach Schmalenbach aus dem Bedürfnis nach Sicherheit. Wie man annimmt, liegen die Anfänge des Buchens in Soll und Haben bei den Girobanken der italienischen Städte des Mittelalters. Bei den Girobanken besteht der größte Teil der Buchungen in Übertragungen von Konto zu Konto.

Schmalenbach (S. 17 (2)) bemerkt dazu:

„Wenn 90 % der Buchungen Girobuchungen sind, bei denen jedem Habenposten ein Sollposten entspricht, dann bedarf es keiner großen Erfindungsgabe, um auch den Rest der Buchungen, die kaum 10 % der Buchungen ausmachen, künstlich zu Doppelbuchungen zu machen, indem man für Gehälter, Reisekosten und andere Kosten tote Konten einrichtet, nicht um festzustellen, wie hoch diese Kosten sind, sondern um alle Buchungen zu Doppelbuchungen zu machen und dadurch die sogenannte Probebilanz zu ermöglichen."

Die Bezeichnung „Doppelte Buchhaltung" ist nach Leyerer[1] viel später entstanden, als die doppelte Buchhaltung selbst. Als das Wort „doppelte Buchhaltung" aufkam, verstand man darunter nicht die doppelten Buchungen in Soll und Haben, sondern das Verbuchen der Geschäftsvorfälle in Grund- und Ordnungsbüchern, d. h. chronologisch und systematisch.

Hinsichtlich der Darstellung beschränkt sich *Schmalenbach* auf die Wiedergabe von 2 Methoden, und zwar
  der *Personifikationstheorie* und
  der *Erfolgstheorie* (Dynamische Bilanz),
und verweist im übrigen auf die Darstellung von Le Coutre im Handwörterbuch der Betriebswirtschaft von 1926. Es würde zu weit führen, hier auf die älteren von Le Coutre behandelten Theorien einzugehen.

---
[1] 17. Jahrgang, Ztschr. f. hw. F. 1922, S. 123 ff.

Zu nennen sind ferner:

die *Zweikontentheorie* (Vermögen — Kapital) (Hügli, Schär),

die *Dreikontentheorie* (Vermögen — Kapital — Eigenkapital), (Leitner, Obst),

die *Eingangs- und Ausgangstheorien*,

die Theorie der *Zahlungs- und Leistungsreihe* (Walb) und

die Theorie der *Bilanzveränderungen* (Geldmacher).

Meine Darstellung *bekennt sich eindeutig zur Geldmacher'schen Theorie der Bilanzveränderungen*. Es soll jedoch hier versucht werden darzustellen, warum insbesondere die Personifikationstheorie zur Erklärung der Doppik nicht ausreicht.

Die *Personifikationstheorie* unterscheidet

wirkliche Personenkonten (die Kontokorrente)

und unwirkliche Personenkonten (die Sachkonten).

Ich halte es nicht für begründet, den Erfolgskonten darüber hinaus einen Extraplatz einzuräumen; sie dienen in jedem Fall der Berechnung des Neukapitals und bilden insoweit nichts anderes als eine Aufgliederung des Kapitalkontos.

Schmalenbach bemerkt dazu (S. 28):

„Bei allen diesen Konten der Schuldverhältnisse handelt es sich um Personen, physische Personen oder Rechtspersonen. Sie sind Personen, und bei ihnen bedarf es keiner Personifikation.

Anders ist es bei der Kasse. Wenn eine Zahlung von einem Kunden eingeht, schreiben wir ihm den Betrag gut und belasten das Kassenkonto. Wir behandeln dann das Kassenkonto wie eine Person, die etwas von uns empfangen hat. Man kann es sich auch so vorstellen, wie wenn man den Kassierer als die für die Kasse verantwortliche Person belastet.

Ebenso machen wir es bei Wechseln und anderen Wertschriften. Wir belasten und erkennen das Wechselkonto, das Effektenkonto, und wir benutzen dabei die gleichen Ausdrücke, wie wenn es sich um Personenkonten handele.

Entsprechend behandeln wir das Warenlager.

Für hereinkommende und vom Magazinverwalter übernommene Ware wird das Warenlager belastet, und für ausgelieferte Ware wird es erkannt, wie wenn der Magazinverwalter ein Fremder wäre, der für das Geschäft die Verwaltung der Waren übernommen hat.

Nicht anders ist es bei den sogenannten Anlagekonten, die diejenigen Gegenstände aufnehmen, die nicht zur Weiterveräußerung, sondern zum eigenen Gebrauch bestimmt sind. Wenn ein Grundstück für 5000 M gekauft wird, so belastet man das Grundstückskonto ebenso, wie man einen Kunden belastet, wenn er von uns Waren erhält."

Mit der Theorie „Soll" = geben und „Haben" = Soll-Haben kommt man aber nicht zurecht, wenn beispielsweise der Lieferant eine Ware liefert.

Schmalenbach spricht auf S. 32 hier von einer Klippe. Er habe selber früher gern mit einer Theorie gearbeitet, die man als *Eingangs- und Ausgangstheorie* bezeichnen könnte. *Bei den Erfolgskonten (und nicht nur bei diesen, sondern bei allen Passiven) träten Erklärungsschwierigkeiten auf, die noch größer seien, als die bei der Personifikationstheorie.* Man muß sich wundern, daß ausgerechnet Schmalenbach sich mit diesen negativen Feststellungen zufriedengibt, die bei Klippen und Erklärungsschwierigkeiten enden. In etwa im Widerspruch dazu steht seine Meinung, daß ein tüchtiger Handelspädagoge mit jeder Theorie zum Ziele komme. Schmalenbach lehnt es ab, die doppelte Buchhaltung als eine Erfindung zu bezeichnen (s. S. 17) und meint, äußere Umstände hätten die doppelte Buchhaltung „beinahe automatisch" entstehen lassen (!). Es kann nur Wunder nehmen, daß Schmalenbach die behandelte Theorie der Bilanzveränderungen seines Kollegen Geldmacher ganz verschweigt und nur insoweit indirekt erwähnt, als er auf S. 25 von einigen Buchhaltungspädagogen spricht, die sich in den Jahren um 1910 um die Erklärung der Systematik lebhaft gestritten hätten.

Selbst wenn Schmalenbach eine eigene bessere Theorie vertreten hätte, lag es doch wohl nahe, sich mit eben diesen Pädagogen auseinanderzusetzen (siehe auch Geldmacher Brief vom 2. 11. 1951).

Als „*Erfolgstheorie*" bezeichnet Schmalenbach seine in der dynamischen Bilanz dargestellte Methode; sie dienen dazu den wahren Charakter der Bilanz zu zeigen (Schmalenbach, Die doppelte Buchhaltung S. 40). Danach ist die Bilanz in erster Linie Hilfsmittel für die Erfolgsrechnung, und es schlagen sich in ihr die sogenannten *Vor- und Nachleistungen* nieder.

Diese „Erfolgstheorie" kann man allerdings kaum in Parallele stellen zu der „Personifikationstheorie" oder zu den anderen Erklärungsversuchen der Doppik. Sie stellt primär nichts anderes dar als die *Aufdeckung der Zusammenhänge zwischen Einnahmen und Ausgaben einerseits und Aufwendungen und Erträgen andererseits*, auf die ich im letzten Abschnitt bei der Darstellung der Zusammenhänge zwischen der Kameralistik und der kaufmännischen Buchführung zurückkomme.

Schmalenbach ersetzt nun nicht die Begriffe „Aktiva" und „Passiva" durch Vorleistungen und Nachleistungen, sondern schließt sich dem bisherigen Sprachgebrauch an.

Was er unter *Vorleistungen* und *Nachleistungen* versteht, geht aus seinem Schema der dynamischen Bilanz hervor. Ich lasse das Schema in der Fassung der dritten Auflage hier folgen:

Die dynamische Bilanz
als Hilfsmittel zum Nachweis der Vorleistungen und Nachleistungen

Aktiva	Passiva
1. *Ausgaben, noch nicht Aufwand.* Gekaufte Anlagen, soweit sie dem Verschleiß und anderer Entwertung unterliegen. Materialien, Hilfsmaterialien. Vorausgezahlte Versicherungen, Zinsen, Mieten u. dgl. Verteilungsfähige Ausgaben für Versuchskosten, Vorbereitungskosten u. dgl.	6. *Aufwand, noch nicht Ausgaben.* Schulden an Lieferanten. Zu erwartende Ausgaben für rückständige Instandsetzungen. Zu zahlende oder zu erwartende Steuern für rückwärtige Besteuerungsgründe.
2. *Leistungen, noch nicht Einnahmen.* Selbsterstellte Anlagen, soweit sie nach Gebrauch verkäuflich sind. Fabrikate. Forderungen aus Leistungen.	7. *Einnahmen, noch nicht Leistungen.* Vorauszahlungen von Kunden.
3. *Ausgaben, noch nicht Einnahmen.* Gekaufte Anlagen, soweit sie nach Gebrauch veräußerlich sind. Warenvorräte im reinen Handel. Gegebene Darlehen. Gekaufte Effekten, Beteiligungen u. dgl.	8. *Einnahmen, noch nicht Ausgaben.* Genommene Darlehen. Aufgenommenes Kapital.
4. *Leistungen, noch nicht Aufwand.* Selbsterstellte Anlagen, soweit sie dem Verschleiß und anderer Entwertung unterliegen. Halbfabrikate und Fabrikate zur eigenen Verwendung. Verteilungsfähige Leistungen für Versuchsobjekte.	9. *Aufwand, noch nicht Leistungen.* Mögliche Leistungen für rückständige Instandsetzungen.
5. G e l d.	

Die Gewinn- und Verlustrechnung
als Nachweis der Aufwendungen und Erträge

Soll	Haben
1. Aufwand jetzt, Ausgabe jetzt.	7. Leistung jetzt, Einnahme jetzt.
2. Aufwand jetzt, Ausgabe früher.	8. Leistung jetzt, Einnahme früher.
3. Aufwand jetzt, Ausgabe später.	9. Leistung jetzt, Einnahme später.
4. Aufwand jetzt, Leistung jetzt.	10. Leistung jetzt, Aufwand jetzt.
5. Aufwand jetzt, Leistung früher.	11. Leistung jetzt, Aufwand früher.
6. Aufwand jetzt, Leistung später.	12. Leistung jetzt, Aufwand später.

Schmalenbach schließt seine Darstellung über die Bilanz als Hilfsmittel zum Nachweis der Vorleistungen und Nachleistungen auf S. 29 der 2. Auflage von 1920 mit einer Warnung, wenn er sagt:

„Ich weiß zwar, daß die Darstellung für das richtige Sehen der Bilanz von Bedeutung ist, kann aber denjenigen begreifen, der in dieser Arbeit eine Spielerei sieht. Vielleicht hat er sogar Recht, daß ich viele Jahre gebraucht habe, um die Fälle sehen zu lernen, ist auch kein Beweis dafür, daß sie mehr als Spiel sind." „Wenn ich mir vorstelle, daß auch die Handelspädagogen auf den Geschmack kämen und die Fälle in die Schule brächten, um sie dort womöglich lernen zu lassen, so tut mir der arme Schüler schon heute in der Seele leid. Ein gütiges Geschick möge ihn davor bewahren."

Es hat nun wohl selten ein Werk eine so reichliche Kritik erfahren, wie die dynamische Bilanz. Zum erheblichen Teil dringt nach meiner Auffassung diese Kritik nicht zum Kern der Schmalenbach'schen Überlegungen vor. Man kann die vorerwähnte Analyse der Beziehungen zwischen Vor- und Nachleistungen einerseits und Aufwendungen und Erträgen andererseits für eine Spielerei halten, deshalb bleibt die Tatsache bestehen, daß für die Jahresrechnung für die normale Bilanz der Gewinn größere Bedeutung hat als das Kapital und daß das Kapital der Jahresbilanz nicht den Wert der Unternehmung darstellt. Ich glaube nicht, daß diese Feststellung von irgendeinem Kritiker ernsthaft bestritten wird.

Der Wert der Überlegungen, die Schmalenbach an die Darstellung der Spielregeln anknüpft, besteht nur in der Entwicklung der Grundsätze, die zur Aufstellung einer Gewinn- und Verlustrechnung anzuwenden sind, die als Maßstab der Wirtschaftlichkeit dienen soll.

Jeder Bilanzkenner weiß, daß sich die wirklichen Bilanzen infolge von Unterbewertungen und Überbewertungen mannigfacher Art von dem Idealbild einer richtigen Erfolgsrechnung als Maßstab der Wirtschaftlichkeit mehr oder weniger weit entfernen. Die Kenntnis des Idealbildes bietet aber den unschätzbar großen Vorteil zu erkennen, wo die Unterschiede liegen.

In seinem Buch: „Schmalenbach's Dynamische Bilanz", erschienen 1957 im Westdeutschen Verlag Köln-Opladen, hat Dr. Werner Muscheid sich mit den Kritikern der Dynamischen Bilanz auseinandergesetzt, und zwar mit Lion, Hasenack und Rieger. Den größten Raum nimmt dabei die Kritik der Kritik von Rieger ein. Rieger versucht im Gegensatz zur sogenannten Totalrechnung, für die Lebensdauer einer Unternehmung die absolute Unmöglichkeit jeder Zwischenabrechnung (Jahresbilanz) nachzuweisen. Der Kern seiner Kritik heißt nach Muscheid (S. 88) „Die Zwischenbilanz ist eine unwirkliche und unlogische Konstruktion, auf die aber aus praktischen Gründen nicht verzichtet werden kann".

Schmalenbach wollte durch theoretische Arbeit Verfahrensregeln gewinnen; er schreibt selber dazu (Muscheid S. 149 und 155): „Eine Betriebswirtschaftslehre nach meinem Sinn müßte letzten Endes mittelbar oder unmittelbar dem praktischen Betriebe dienen. Eine andere Betriebswirtschaftslehre interessierte mich in keiner Weise." „Während Rieger in der Erkenntnis der alleinigen Richtigkeit der Totalrechnung verharrt, folgt Schmalenbach dem Ruf der Praxis nach einer Periodenrechnung."

Schmalenbach hat sich seinen Kritikern gegenüber recht eigenartig und unterschiedlich verhalten. Während er ursprünglich zur Entgegennahme von Kritik bereit war, hat er Rieger kurzer Hand übergangen. Im Gegensatz dazu dankt Schmalenbach im Vorwort der 6 Jahre später erscheinenden Auflage der Dynamischen Bilanz nicht nur Walb und v. Aubel, sondern auch der gesamten Fachwissenschaft für ihre anregende Kritik.

In einem Brief an Hasenack, zitiert bei Hasenack BF u. P. 1953 S. 555, schreibt Schmalenbach zu dem Rieger'schen Buch: „Ich hatte den Eindruck, daß Rieger den wesentlichen Fortschritt, den das Buch auch theoretisch brachte, doch nicht sehen kann und halte daher von einer Diskussion nicht viel. Jedenfalls hat sie für mich noch lange Zeit. Ich glaube Rieger unbesehen, daß man in einem solchen Buch einige logische Widersprüche und Fehlschlüsse finden wird, und es ist ganz richtig, sie herauszustellen."

Die Meinung, die Kürzungen und Änderungen der Dynamischen Bilanz seit der 1947 erschienenen 8. Auflage seien auf den Einfluß der Rieger'schen Kritik zurückzuführen, beruht nur auf Vermutungen; immerhin fällt auf, daß einige von Rieger angegriffene Ausführungen weggelassen sind.

Geldmacher hat seine *Theorie der Bilanzveränderungen* in den Jahren 1910—1914 entwickelt, weil ihm die herrschende Personifikationstheorie keine Erklärung bot. Er hat seine Methode erstmalig in einer Aufsatzfolge „Bilanzierung und Buchführung" 1914 in der Deutschen Handelsschullehrerzeitung veröffentlicht. Als er daraufhin angegriffen wurde, hat er in derselben Zeitschrift 1914/15 eine weitere Reihe: „Bilanzmäßiges Denken" folgen lassen. Unabhängig von Geldmacher hat der Schweizer Autor Biedermann bereits 1912 in seiner „Theorie der doppelten Buchführung" die gleichen Grundgedanken vertreten (Verlag Schulheß & Co., Zürich). Nach dem ersten Weltkrieg hatten sich bereits eine Reihe von Autoren, wie Osbahr, Großmann, Calmes und selbst „Papa Schär", wie Geldmacher schreibt, auf die Ableitung der Buchungsansätze aus der Bilanz umgestellt.

Offenbar unabhängig von Geldmacher ist 1919 auch der Franzose Bournisien[2] zu der gleichen Erklärung gekommen. Seine Erklärung der Aktiven und Passiven deckt sich sehr stark mit dem juristischen Begriff von Besitz und Eigentum.

„On appelle *actif* la masse des valeurs, et *passiv* l'ensemble des droits de propriété.

Geldmacher hat nun seine Theorie erstmalig zusammenhängend und vollständig 1923 im Verlag Julius Springer unter dem Titel „*Wirtschaftsunruhe und Bilanz*" veröffentlicht. Eine Neuauflage hat das Heft nicht erlebt und unter diesem Titel sucht niemand seine Erklärung der Doppik. Mit „Wirtschaftsunruhe" waren die Auswirkungen der Inflation gemeint, die den Maßstab, die Mark, zum Gummiband machten, wie Geldmacher sich ausdrückte.

Geschichte 3e

An der Kölner Universität legte Walb Gewicht darauf, daß sich die Studenten seine Theorie der Zahlungs- und Leistungsreihe aneigneten, nach der noch heute gelehrt wird und die einem Studenten wie Kraut und Rüben im Kopf umhergeht. Er hat selber offenbar die Buchführung als Darstellung der Bilanzveränderungen nicht erkannt. Nur Dr. Gref schult die Studenten unverändert nach der Geldmacher'schen Methode. Darüber hinaus hat die Theorie der Bilanzveränderungen durch zahlreiche Schüler Geldmachers eine weite Verbreitung gefunden, zumal sie *bisher die einzige Methode geblieben ist, die den Zusammenhang der Doppik plausibel und leichtverständlich zu erklären vermochte.*

Bevor ich nun zur Darstellung der

Bilanztheorie der fortgesetzten Parallelverrechnung

komme, sei einiges über die Zwecke des Rechnens im Betriebe allgemein zu sagen.

---
[2] Jean *Bournisien*, Essai de Philosophie Comptable 1919.

II. Die Bilanztheorie
der fortgesetzten Parallelverrechnung

1. Die Zwecke des Rechnens im Betriebe

In den Buchhaltungsrichtlinien vom 11. 11. 1937 werden 4 Grundformen des betrieblichen Rechnungswesens aufgezählt:

1. Buchführung und Bilanz (Zeitrechnung),
2. Selbstkostenrechnung (Stückrechnung, Kalkulation),
3. Statistik (Vergleichsrechnung),
4. Planung (Vorausrechnung, Vorschau).

Diese Einteilung war nur hinsichtlich der Planung neu; sie ist im übrigen schon in verschiedenen älteren Büchern enthalten, so bei *Calmes* 1913 und in Schmalenbachs Dynamischer Bilanz 3. Auflage 1925 S. 48. Es ist bemerkenswert, daß in dieser Unterteilung die Betriebsbuchhaltung nicht besonders aufgezählt wird, sie wird also zur Buchführung gerechnet. Den Ausgangspunkt für Selbstkostenrechnung, Statistik und Planung bilden üblicherweise die Zahlen der Buchhaltung. Selbstkostenrechnung, Statistik und Planung stellen somit eine mehr oder weniger eng mit der Buchhaltung verbundene Auswertung der Buchhaltungsziffern dar.

Wenn in den Buchhaltungsrichtlinien von 1937 als Zwecke der Buchhaltung angegeben werden:

Die Berechnung der Bestände

sowie die Berechnung von Aufwendungen, Leistungen und Erfolgen, üblicherweise bezeichnet als Aufwand, Ertrag und Gewinn, so wird dabei übersehen, daß der Kontrolle der Schuldverhältnisse mindestens die gleiche Bedeutung zukommt. Selbstkostenrechnung, Statistik und Planung sollen, als im engeren Sinne nicht zur Buchhaltung gehörend, in diese Betrachtung nicht mit einbezogen werden. Die Zeitrechnung führt zur Bilanz. Während die Jahresbilanz mehr oder weniger öffentlichen Charakter hat infolge der handelsrechtlichen und steuerlichen Vorschriften, dient die kurzfristige Erfolgsrechnung in erster Linie der Betriebsüberwachung. Die Jahresbilanz dagegen ist ausgerichtet auf die Gewinnverteilung und die darauf basierende Berechnung der Steuern und Abgaben.

Die Buchhaltung bedient sich von alters her der *Darstellungsform des Kontos*. Es ist daher zunächst einiges zu sagen über Eigenart und Vorteile dieser Darstellung.

2. Das Konto als Subtraktionsschema

Das Konto stellt eine besondere Art von Subtraktiosschema dar (Geldmacher S. 27). Die bekannteste Form ist die Gleichung (5—3=2). Stattdessen kann man vertikal auch die Staffel anwenden:

$$\begin{aligned}&5\\-\,&3\\\hline=\,&2\end{aligned}$$

Von diesen beiden Formen unterscheidet sich das Konto dadurch, daß das Ergebnis nicht immer sofort ermittelt wird, sondern zunächst offen bleibt bis zum Abschlußtermin.

Kassa-Konto

Soll		Haben	
1957		1957	
2. 1. Vortrag	1 000	10. 1. Rechnung	200
10. 1. Müller	400	13. 1. Zahlung	700
15. 1. bar	300	31. 1. Saldo	800
	1 700		1 700

Aus der Zeit der Entstehung des Kontos bei den italienischen Girobanken stammen die Ausdrücke Soll und Haben. Jedes Handwerk kennt seine Fachausdrücke. In der christlichen Seefahrt spricht man von Backbord und Steuerbord, wenn man links und rechts meint. Ursprünglich stand bei jeder einzelnen Buchung angegeben De darc (Soll Geben) und De awer (Soll Haben). Hinsichtlich der Buchungen spricht man von belasten und erkennen, oder gutschreiben, wenn man links und rechts meint. Ein Konto weist einen Debetsaldo oder einen Kreditsaldo auf.

Zur Buchhaltungssprache gehört es also, *statt*

von links und rechts zu sprechen,
von Soll und Haben,
oder von belasten und erkennen,
oder von Debitoren und Kreditoren,
oder von per und an.

Spätere Versuche, einen Begriff einzuführen, wie für das Konto die Rechnungsverkehrsübersicht und für die Sollseite Bekommtrechnung und für die Habenseite Gibtrechnung (Fritz Reinardt), haben sich nicht eingeführt und das dritte Reich nicht überlebt.

Bei der Darstellungsform als Konto bleibt zunächst offen, welche Seite die größere ist. Das Ergebnis der Gleichung, „Saldo" genannt, wird vielmehr erst zum Ende der Rechnung (Jahresabschluß, Monatsabschluß) ermittelt. Gegenüber der Gleichung und der Staffel bietet die Darstellungsform des Kontos außerdem den Vorteil, daß sowohl von links nach rechts, als auch von rechts nach links subtrahiert werden kann. Dieses besonderen Vorteils bedient sich die doppelte Buchführung, wie wir nachfolgend sehen werden, wenn sie *zwei Kontenreihen vorsieht* und *in der einen Kontenreihe von links nach rechts verrechnet, dagegen in der anderen Kontenreihe von rechts nach links*. Beispielsweise steht auf dem K a s s a k o n t o d e r E i n g a n g l i n k s und der A u s g a n g r e c h t s, dagegen auf dem K r e d i t o r e n k o n t o der *E i n g a n g r e c h t s* und der A u s g a n g l i n k s, a u c h w e n n d i e l e t z t e r e T a t s a c h e v o n v i e l e n u n d n a m h a f t e n G e l e h r t e n b e s t r i t t e n w u r d e u n d n o c h w i r d.

Kassa-Konto		Lieferanten-Konto	
Eingang 1000			Eingang 800
links			rechts

Wie wir später sehen werden, führt diese Überlegung zu gewissen Schwierigkeiten bei den „gemischten" Konten und den *Unkostenkonten*. Sobald man aber im Auge behält, daß Aufwand- und Ertragskonten der Berechnung und Aufspaltung des Gewinns und damit des Kapitalzugangs, des Neukapitals, dienen, ergibt sich ohne weiteres, daß diese Konten zu der Passivreihe zählen, auf welcher der Ausgang, die Minderung, l i n k s verbucht wird.

B e i s p i e l: Zahlung für Gehalt

Kassa-Konto		Kapital-Konto (Unkosten)	
	Ausgang 300	Ausgang 300	

Die Gewinn- und Verlustrechnung stellt bekanntlich nichts anderes dar, als die *Entwicklung des Neukapitals aus Aufwendungen und Erträgen*.

3. Die Bilanz als fortgesetzte Parallelverrechnung von Besitz und Eigentum

Geldmacher bezeichnet auf S. 30 seiner Schrift die *Bilanz als Parallelverrechnung* und das Doppelbuchen als das Charakteristische dieser

Bilanz als fortgesetzte Parallelverrechnung von Besitz und Eigentum 19

Technik. (Die Bezeichnung Bilanz stammt bekanntlich aus dem lateinischen „bi-lance", zu Deutsch *Doppelschale, der Waage.*)

Geldmacher sagt mit Recht, das Wesen dieser Parallelverrechnung sei oft verkannt worden und wiederlegt anschließend überzeugend die Mehrzahl der alten Theoretiker, wie B e r l i n e r , S c h ä r , N i k l i s c h und C a l m e s.

Was versteht Geldmacher unter dieser Parallelverrechnung, und worin besteht die besondere technische Eigenart der kontenmäßigen Darstellung dieser Parallelverrechnung und der Zusammenziehung ihrer Ergebnisse in der Bilanz? Die Parallelverrechnung besteht nach seiner Lehre darin, *daß die gleiche* Wertziffer doppelt zur Darstellung kommt, und zwar einmal als *Besitz* und ein andermal als *Eigentum,* oder wie Geldmacher es ausdrückt, als Gut und Kraft. Beginnt ein Geschäft mit einem Barbestand von DM 1000,—, so kann die Eröffnungsbilanz bekanntlich lauten:

Eröffnungsbilanz

Aktiva		Passiva	
Kassenbestand	1000	Kapital	300
		Bankschuld	700
	1000		1000
(Besitzrechnung)		(Eigentumsrechnung)	

oder *Aufgelöst in Konten*

Kassa-Konto	Kapital-Konto	Bank-Konto
1000	300	700

Die Eigenart der Technik der doppelten Buchhaltung besteht nun darin, daß auf den *Aktivkonten* die *Mehrungen* links, die *Minderungen rechts stehen,* bei allen *Passivkonten* dagegen die *Mehrungen rechts und die Minderungen links.*

Diese letztere Erkenntnis ist deshalb von so entscheidender Bedeutung, weil dadurch alle Lehren ad absurdum geführt werden, welche behaupten und glauben, behaupten zu müssen, es gäbe eine Theorie, wonach der Eingang immer auf der linken Seite des Kontos zu verbuchen ist, während doch eindeutig und zweifelsfrei feststeht, daß der *E i n g a n g im Sinne des Subtraktionsschemas auf den Konten der Passiva r e c h t s steht.* „Soll und Haben", „Belastung und Gutschrift", sagen somit über „Eingang und Ausgang" überhaupt nichts aus, sondern lediglich über die linke und die rechte Seite, wie in der christlichen Seeschiffahrt „Backbord und Steuerbord".

Aus der Parallelverrechnung folgt die Summengleichheit der beiden Rechnungsweisen, die als Kontrollmittel der rechnerischen Richtigkeit so wertvoll ist.

Jede Buchung führt zu einer Bilanzveränderung. Der Schlüssel zur Geldmacherschen Buchhaltungslehre besteht nun darin, *vor jedem Buchungsansatz die Bilanzveränderung zu überlegen*, d. h. in B i l a n z - v e r ä n d e r u n g e n zu denken.

4. Die vier Arten von Bilanzveränderungen

Es gibt nach Geldmacher (a.a.O., 1923, S. 31) folgende 4 Arten von Bilanzveränderungen:

1. Ein Aktivum tritt an die Stelle eines anderen Aktivpostens von gleicher Werthöhe (A k t i v t a u s c h).
2. Ein Passivum tritt an die Stelle eines anderen Passivpostens von gleicher Werthöhe (P a s s i v t a u s c h).
3. Die Bilanz nimmt in Aktiven und Passiven gleichmäßig zu (M a s - s e n z u n a h m e).
4. Die Bilanz nimmt in Aktiven und Passiven gleichmäßig ab (M a s - s e n a b n a h m e).

Zu einer entsprechenden Formulierung kommt der Franzose Jean B o u r n i s i e n, wenn er auf S. 36[3] schreibt: „Alle Veränderungen der Werte eines Unternehmens und der Eigentumsrechte, die damit verbunden sind, sind enthalten in den nachfolgend aufgezählten Fällen:

1. Vermehrung des Wertes immer entsprechend einer Vermehrung des Rechts (Massenzunahme),
2. Verminderung des Wertes immer entsprechend einer Verminderung des Rechts (Massenabnahme),
3. Tausch der Natur der Werte (Aktivtausch),
4. Tausch der Bezeichnung oder der Qualität der Rechte (Passivtausch).

Als Beispiele mögen dienen:

Buchung	Bilanz- veränderung
Zu 1. Kasse an Maschinen-Konto Kauf einer Maschine	Aktivtausch
Zu 2. Darlehn an Kapital-Konto Umwandlung eines Darlehns in eine Beteiligung	Passivtausch
Zu 3. Waren-Konto an Kreditoren-Konto Verbuchung einer Lieferantenrechnung	Massenzunahme
Zu 4. Lieferant an Bank-Konto Zahlung einer Rechnung	Massenabnahme

[3] Essai de Philosophie Comptable Limoyes *1919*.

Die „Tausch"-Operationen berühren demnach nur *entweder* die Aktiva *oder* die Passiva, während Zunahme- und Abnahmebuchungen *sowohl* Aktiva *als auch* Passiva betreffen.

Das Gewinn- und Verlustkonto als Teil der Kapitalrechnung

Im Sinne der doppelten Buchhaltung stellt der Gewinn das im Rechnungsabschnitt gebildete Neukapital dar. Während das Gewinn- und Verlust*konto* auch nicht verteilte Vorträge aus alter auf neue Rechnung umschließt, gehören diese Vorträge in die Gewinn- und Verlust*rechnung* als Isolierungsrechnung für das gebildete Neukapital eigentlich nicht hinein. Dementsprechend fordert auch § 132 des Aktiengesetzes in Abschnitt II lediglich den „Vermerk" des Vortrages in der Vorspalte, obwohl die Praxis den Vortrag meist in die Gewinn- und Verlustrechnung einbezieht.

Für die richtige Verbuchung und Kontierung ist von entscheidender Bedeutung, daß im Sinne der vorerwähnten Bilanzveränderungen *jede Buchung auf einem Konto der Gewinn- und Verlustrechnung als Veränderung der Eigentumsrechnung der Passivseite der Bilanz, des Eigenkapitals, anzusehen ist.* Jeder erzielte Gewinn vermehrt das Eigenkapital und jeder Aufwand zur Erzielung des Gewinns vermindert das Eigenkapital.

B e i s p i e l der üblichen Aufspaltung:

Gehälter	Kapital-Konto
1000	10 000

Bei Direktverbuchung über Kapital-Konto würde sich der Verlust mit DM 1000,— dort wie folgt niederschlagen:

Kapital-Konto	
Gehälter 1000	10 000

Die Methode der doppelten Verrechnung nach Besitz und Eigentum sei nun noch an einem einprägsamen Beispiel aus dem Unterricht Geldmacher's dargestellt:

Anläßlich der Heirat beschafft ein Ehepaar eine *Wohnungseinrichtung*, bestehend aus *Wohnzimmer, Schlafzimmer und Küche,* und zwar zu einem Drittel aus eigenen Ersparnissen und zu zwei Dritteln aus Mitteln eines Teilhabers. Wollte man die Vorgänge in der Buchhaltung erfassen, so ergäbe sich folgendes Bild:

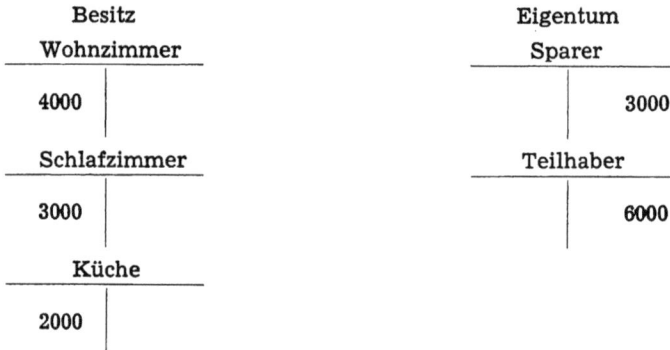

Wenn ich hier von Mitteln eines Teilhabers spreche und nicht von einem Darlehnsgeber, so geschieht dies, um nicht mit dem rechtlichen Unterschied zwischen einem Darlehen als Geldschuld und einer Beteiligung als Anteil in Konflikt zu kommen.

Das Beispiel zeigt unter anderem den abstrakten Charakter des betriebswirtschaftlichen Eigentumsbegriffs, d. h. dem Ehekandidaten gehört nicht etwa das Schlafzimmer zu ¹/₃, sondern er und sein Teilhaber haben einen abstrakten Anspruch auf die Rechtsgesamtheit der Einrichtung.

Wird nun beabsichtigt, einen Fernsehapparat für DM 1500,— auf Kredit zu kaufen, so sieht diese „Massenzunahme" als Bilanzveränderung wie folgt aus:

1. Veränderung   **Bilanz**   Massenzunahme

Aktiva		Passiva	
Wohnzimmer	4 000,—	Sparer	3 000,—
Schlafzimmer	3 000,—	Teilhaber	6 000,—
Küche	2 000,—	Kreditor	1 500,—
Fernsehapparat	1 500,—		
	10 500,—		10 500,—

Wird ein Teil der Wohnzimmereinrichtung für 1500,— DM verkauft, so entsteht zunächst ein *Aktivtausch*, der die Passiva nicht berührt.

2. Veränderung   **Bilanz**   Aktivtausch

Aktiva		Passiva	
Wohnzimmer	2 500,—	Sparer	3 000,—
Schlafzimmer	3 000,—	Teilhaber	6 000,—
Küche	2 000,—	Kreditor	1 500,—
Fernsehapparat	1 500,—		
Kasse	1 500,—		
	10 500,—		10 500,—

Wird nunmehr der Barbetrag benutzt, um den Fernsehapparat zu bezahlen, so entsteht eine *Massenabnahme*.

3. *Veränderung* **Bilanz** Massenabnahme

Aktiva		Passiva	
Wohnzimmer	2 500,—	Sparer	3 000,—
Schlafzimmer	3 000,—	Teilhaber	6 000,—
Küche	2 000,—		
Fernsehapparat	1 500,—		
	9 000,—		9 000,—

Überträgt schließlich der Teilhaber DM 2000,— auf den Sparer, so führt dies zu einem *Passivtausch*.

4. *Veränderung* **Bilanz** Passivtausch

Aktiva		Passiva	
Wohnzimmer	2 500,—	Sparer	5 000,—
Schlafzimmer	3 000,—	Teilhaber	4 000,—
Küche	2 000,—		
Fernsehapparat	1 500,—		
	9 000,—		9 000,—

5. Die gemischten Konten

Nicht ganz so einfach sind die bei den sogenannten *gemischten Konten*, auf denen zunächst gleichzeitig *Besitz und Eigentum, Bestand und Gewinn* (Neukapital) *erfaßt wird*, anzustellenden Überlegungen. Das typische Konto dieser Art ist bekanntlich das Warenkonto. Während sich seine Belastung beim Einkauf leicht als Aktivtausch bei sofortiger Barzahlung oder als Massenzunahme bei Verbuchung unter Kreditoren-Konto in die Bilanzveränderung eingliedern läßt, handelt es sich beim Verkauf um einen Vorgang, der in der Regel zunächst zu einer zusammengesetzten Buchung führt. Ist beispielsweise das Waren-Konto mit DM 1000,— belastet und diese ganze Warenmenge wird für DM 1200,—, also mit einem Aufschlag von DM 200,— verkauft, so stellt die Belastung der Rechnung auf dem Debitoren-Konto nicht nur einen Aktivtausch dar, sondern gleichzeitig eine Massenzunahme. Die Massenzunahme wird aber üblicherweise erst mit dem Abschluß rechnerisch erfaßt und auf dem Kapital-Konto vereinnahmt.

Beispiel:

Waren-Konto				Kapital-Konto	
Einkauf	1000	Verkauf	1200	Gewinn	200
Gewinn	200				

Die Bilanztheorie der fortgesetzten Parallelverrechnung

So klar wie im vorliegenden Beispiel liegen die Dinge bei den gemischten Konten allerdings in der Regel nicht, und es ist auch meist nicht möglich, bei der Verbuchung des Verkaufserlöses nach Bilanzveränderungen zu trennen. Die Trennung erfolgt vielmehr üblicherweise erst zum Abschlußtermin mit der Inventuraufnahme. Bis dahin stellt der Saldo auf dem Waren-Konto eine Differenz zwischen Bestand und Gewinn dar, wie nachstehendes Beispiel zeigt:

Waren-Konto

Anfangsbestand			
100 Stück à 10	1000	30 Stück à 14	420
		60 Stück à 15	900
Einkauf		*Saldo in der Roh-*	
50 Stück à 12	600	*bilanz*	600
40 Stück à 8	320		
	1920		1920

(zusammengesetzte Buchungen)

Auflösung des gemischten Kontos zum Abschlußtermin:

Waren-Konto

Anfangsbestand		Verkauf	
100 Stück à 10	1000	30 Stück à 14	420
		60 Stück à 15	900
Einkauf		*Bestand* laut	
50 Stück à 12	600	Aufnahme	
40 Stück à 8	320	100 Stück à 10	1000
Gewinn	400		
	2320		2320

P r o b e : Bestand 1000 abz. Gewinn 400 = Buchsaldo w. o. DM 600,—

Ich habe diese Darstellung der sogenannten Geldmacher'schen Buchhaltungstheorie der Bilanzveränderungen mit Absicht auf das für die Erklärung der Doppik als „einer der schönsten Erfindungen des menschlichen Geistes" (Goethe) Wesentliche beschränkt und seine Terminologie der Gutrechnung und der Kraftrechnung nicht übernommen. Ich halte es für einfacher, statt dessen von Besitzrechnung und Eigentumsrechnung zu sprechen.

III. Ordnungsgrundsätze für die Gliederung der Konten

1. Allgemeine Überlegungen

Aufgabe der Buchhaltung ist es, die Geschäftsvorfälle möglichst lückenlos zu erfassen und so aufzuteilen, daß sich

Gleiches zu Gleichem
gesellt.

Bei den Ordnungsgrundsätzen sind für die Konten zu unterscheiden

1. die Auswahl
2. die Zahl
3. die Bezeichnung
4. die *Reihenfolge*
5. die Numerierung.

Die Gedanken über die Reihenfolge zeichnen sich durch eine große Mannigfaltigkeit aus.

Bei der Bearbeitung könnte man unterscheiden zwischen *betriebswirtschaftlicher Erkenntnis* und *Dogmenlehre* in Gestalt der durch Gesetze oder Vereinbarungen bereits verankerten Normen. Ich behandele nachfolgend zunächst die Dogmen, wie sie in verordneten mehr oder weniger für allgemeinverbindlich erklärten Kontenrahmen und in gesetzlichen Gliederungsbestimmungen ihren Niederschlag gefunden haben und lasse anschließend die Leitgedanken zu einem allgemeinen Kontenrahmen folgen. Abweichend von der üblichen Kritik, *beschränken sich meine Überlegungen im wesentlichen auf die oberen Gesichtspunkte für die Gliederung und lasse die Unterteilungen auf sich beruhen.*

Schlägt man das *Handelsgesetzbuch von 1900* auf, so wird in dem Abschnitt über die Handelsbücher in § 39 nur folgende allgemeine *Aufgliederung der Bilanz* verlangt:

Aktiva	Passiva
Grundstücke	Schulden
Einrichtung ⎫ Inventar	Kapital
Warenlager ⎭	
Forderungen	
Geld	
Sonstige Vermögensgegenstände	

Bei dieser *Mindestgliederung* ist es bis heute für die Personalgesellschaften und die Gesellschaften mit beschränkter Haftung geblieben, während für die Aktiengesellschaft 1931 erheblich weitergehende Gliederungsvorschriften erlassen wurden, wie sie nunmehr in den §§ 131 und 132 des Aktiengesetzes von 1937 niedergelegt sind. Seitdem haben sich aber noch mehrere andere mit der Normierung im Rechnungswesen befaßt, so das *Innenministerium* anläßlich des Erlasses der *Eigenbetriebsverordnung* zur Deutschen Gemeindeordnung im Jahre 1938 und das *Wirtschaftsministerium* (Reichskommissar für die Preisbildung) in Form der Buchhaltungsrichtlinien vom 11. 11. 1937 und der Verordnung über die Preisermittlung auf Grund von Selbstkosten für öffentliche Auftraggeber (LSÖ) vom 15. 11. 1938 (Neufassung PR 30/53 vom 21. November 1953).

An der Normierung im Rechnungswesen haben also mitgewirkt
das *Justizministerium* für den Bereich des Handelsrechts,
das *Innenministerium* für den Bereich der Eigenbetriebe und
der *Wirtschaftsminister* für den Bereich der Preisbildung.

Merkwürdigerweise hat der am meisten Interessierte, nämlich der *Finanzminister*, an diesen Normungen überhaupt nicht teilgenommen, was kein Wunder ist, wenn man bedenkt, daß sich unter den mehr als zwei Millionen Gewerbetreibenden nur rd. 2 500 Aktiengesellschaften befinden, d. h. der großen Zahl der kleinen Firmen sind komplizierte Normen nicht zuzumuten, und der Fiskus ist auch ohne einheitliche Abschlußgliederung zu seinem Recht gekommen. Rückblickend kann man mit großem Bedauern nur feststellen, daß die rechte Hand in Gestalt des Ministerialrats im Justizministerium nicht wußte, was die linke im Innenministerium tat, oder aber selbst wenn sie es wußte, so ist es doch zu keiner Einigung gekommen; dazu wäre ein Regierungschef erforderlich gewesen, der selber etwas von der Bilanz verstand, und das kann man kaum verlangen. Ebenso wenig erfolgreich dürfte die Bearbeitung durch Mehrheitsbeschlüsse sein. Der *Referentenpartikularismus*, von dem Bühler in der Finanzrundschau (Mai 1955) spricht, hatte also ein weites Betätigungsfeld, wie die Entwicklung gezeigt hat. Sind sich nun schon die Ministerien nicht einig gewesen, so sind es die Gelehrten und Praktiker natürlich noch viel weniger.

Der Plan, Formblätter für die Bilanz aufzustellen, wurde erstmalig anläßlich der Aktiennovelle von 1884 erwogen. In den stenografischen Berichten über die Verhandlungen des Reichstages, 5. Legislaturperiode, IV. Session 1884, heißt es dazu:

„Der Nutzen, den die Aufstellung von allgemeinen Bilanzformularen haben muß, liegt auf der Hand; ein in das Einzelne gehendes, für alle Gesellschaften einer Kategorie gleiches Formular wird etwaigen Versuchen einer

Gesellschaft, die wahre Vermögenslage durch die Art der Ansätze und Zahlengruppierungen zu verschleiern, mit Erfolg steuern und dazu beitragen, dem Publikum schneller und klarer einen richtigen Einblick in die Geschäftslage der Gesellschaft zu gewähren. Nur kann bei der Mannigfaltigkeit und Biegsamkeit der Vermögens- und Geschäftsverhältnisse von Aktiengesellschaften es sich nicht empfehlen, für die Aufstellung von Formularen den Weg der Gestzgebung zu beschreiten."

„Wirtschaften heißt Wählen." Um dem Leser die Wahl zu erleichtern, sei ihm nachfolgend eine Auswahl aus den Vorarbeiten geboten, damit er sich selber ein Urteil bilden kann.

2. Die Entstehung der Normen

A. Zeittafel

Die nachfolgende *Zeittafel* zeigt, daß an der Gestaltung von Normen für die Rechnungslegung unentwegt gearbeitet worden ist.

- 1921 Grundplan der Selbstkostenrechnung.
- 1927 *Kontenrahmen Prof. Schmalenbach erste Auflage.*
- 1931 Aktienrechtsnovelle mit Vorschriften für die Gliederung der Jahresbilanz und der Gewinn- und Verlustrechnung.
- 1937 *Aktiengesetz* § 131 Gliederung der Jahresbilanz,
  § 132 Gliederung der Gewinn- und Verlustrechnung.
- 1938 *Kontenrahmen des Reichskuratoriums* (Seebauer)
  zu den Buchhaltungsrichtlinien.
- 1938 Vorschlag Bredt „Technik und Wirtschaft" S. 105 von 1938
  (Kontenrahmen mit ausgebauter Betriebsbuchhaltung).
- 1938 Leitsätze für Selbstkosten nach LSÖ.
- 1946 Leitsätze für die Preiskalkulation.
- 1947 Einheitskontenrahmen des *österreichischen* Kuratoriums für Wirtschaftlichkeit (erläutert „Wirtschaftsprüfer" 1948, Nr. 3, S. 73, von Dr. Bernhard Ostersetzer).
- 1947 *Schweizer* Kontenrahmen für Gewerbebetriebe
  (erläutert von Prof. Lohmann, „Wirtschaftsprüfer" 1948, Nr. 5, S. 135).
- 1949 Einheitskontenrahmen der Industrie der *russischen Zone* EKR I.
- 1949 Muster eines *amerikanischen Kontenplanes* (Dr. Wisbert).
- 1950 *Gemeinschaftskontenrahmen* des Arbeitsausschusses industrieller Verbände (erläutert „Neue Betriebswirtschaft" Beilage Nr. 1 zum Betriebsberater Heft 4 vom 10. 2. 1950 S. 6).
- 1950 Kontenrahmen und Bilanz von WP *Dr. Rentrop* „Der Betrieb" 1. 3. 1950.
- 1952 Grundsätze und Gemeinschaftsrichtlinien für das Rechnungswesen (Bundesverband der Deutschen Industrie BDI).
- 1953 Europäischer Kontenrahmen, Ergebnis der Kommissionsarbeiten in Florenz, WP *Dr. Karl Schneider,* Düsseldorf, „Wirtschaftsprüfung" 1953, S. 540 ff.
- 1954 Vorschläge zur Änderung der Gliederungsvorschriften, Deutscher Industrie- und Handelstag DIHT, „Wirtschaftsprüfung" 1954, S. 391.
- 1954 Gemeinschaftskontenrahmen des Bundesverbandes der Deutschen Industrie.

1955 Gliederungsgrundsätze für die Rechnungslegung (Abschluß und Kontengliederung) WP *Dr. Carl Carl Ernst Schulz*, Düsseldorf, Bericht über die Fachtagung Hannover vom 27./28. 1. 1955.
1956 Arbeitskreis des Instituts der Wirtschaftsprüfer, Vorschläge zur Aktienreform, Düsseldorf 1956.
1958 Bundesverband des privaten Bankgewerbes, Denkschrift von Reform des Aktienrechts.

3. Kontenrahmen und Kontenpläne

Als mit dem Buchführungserlaß vom 11. 11. 1937 der sogenannte *Seebauersche Kontenrahmen* als *einheitlicher Organisationsplan der Buchführung für alle Betriebe* mit Ausnahme der Versicherungen, der Banken, der Energiewirtschaft und des Fremdenverkehrs bezeichnet wurde, da wurde es so hingestellt, als sei nun der Stein der Weisen gefunden und als begänne nunmehr eine neue Ära im Rechnungswesen. In Fachkreisen hat jedoch das Gespräch nicht geruht, ob man im Zeichen der Vereinheitlichungsbestrebungen an diesem Kontenrahmen festhalten solle, bzw. ob man ihn verlassen könne, und die neuen Kontenrahmen in Österreich, der Schweiz und in den USA haben sich von der Anordnung des Reichskontenrahmens völlig abgewandt.

Der Gedanke an einen Kontenplan ist so alt wie die systematische Unterteilung des Buchungsstoffes auf Konten überhaupt. In der älteren Zeit der amerikanischen Journale sowie der gebundenen Kontokorrente und Hauptbücher machte man nur von diesen Dingen weniger Aufhebens und redete nicht gleich von einem Kontenplan, wenn man den Kopf des amerikanischen Journals meinte oder die Anordnung der Konten in Kontokorrenten, Hauptbüchern und in der Bilanz. Für die *Anordnung* der Konten im Kopf der *amerikanischen* Journale war die Häufigkeit des Anrufs der einzelnen Konten anders ausgedrückt, die *räumliche Zweckmäßigkeit* maßgebend; die Anordnung in den *Kontokorrenten* erfolgte dem Alphabet nach, und die *Anordnung der Sachkonten* im toten Hauptbuch richtete sich meist nach der Bilanz in der üblichen Reihenfolge Aktiva, Passiva, Aufwand, Ertrag. Eine Numerierung erübrigte sich, bzw. sie war im Journal durch die *Seiten* und in den Hauptbüchern durch die *Folien* gegeben.

Hinsichtlich dieser Lage der Dinge trat — etwa im Jahre 1920 beginnend — eine Änderung durch die *Einführung der Loseblattbuchführungen* ein. Die Rechtsgültigkeit der Loseblattbuchführungen sowie der manuellen und maschinellen Durchschreibeverfahren war bekantlich anfänglich umstritten. Nach § 43 HGB sollen die Bücher gebunden und Blatt für Blatt oder Seite für Seite mit fortlaufenden Zahlen versehen sein. Im Sinne der Grundsätze ordnungsgemäßer Buchführung erstattete die *Industrie- und Handelskammer* Berlin 1927 ein *Gutachten* über die Mindestanforderungen bei Loseblattbuchführungen im Sinne der Beweiskraft. Darin wurde eine klare Übersicht der Konten in einem systematischen Kontenplan und der *Nachweis der Konten durch Register* gefordert. Man könnte dieses Verlangen als die *Geburtsstunde der Kontenpläne* bezeichnen. Die Anordnung der Konten war nun nicht mehr durch den Kopf der Journale oder die Hauptbuchfolien gegeben, sondern die Einordnung der losen Konten vor und nach der Benutzung erforderten eine *systematische Numerierung*.

Die Systematik dieser ersten Kontenpläne war recht bunt und mannigfaltig je nach Größe und Eigenart des Unternehmens oder auch nach der Geschmacksrichtung des Betriebsleiters oder Organisators.

In das gleiche Jahr *1927* fällt die erste Auflage *Schmalenbach'schen Kontenrahmens*. Seine Kontensystematik ist jedoch weder durch die erwähnte Anordnung nach der Häufigkeit der Buchungen noch durch die Anordnung im Abschluß primär bestimmt, sondern durch den Gedanken der *Aufhellung der Beziehungen zwischen Aufwand und Ertrag*. Sein Kontenrahmen steht in erster Linie im Dienste der *richtigen Erfolgsrechnung* und der *Verbesserung der innerbetrieblichen Verrechnung*. Schmalenbachs Kontenrahmen war einerseits für den akademischen Unterricht bestimmt und ist aus diesem hervorgegangen, andererseits sollte er der Wirtschaftspraxis Anregungen für die Verbesserung des Rechnungswesens im Sinne der Betriebskontrolle geben. *Der Gedanke an eine Uniformierung des Rechnungswesens für alle Betriebe lag Schmalenbach fern.*

In der ersten Veröffentlichung des Schmalenbach'schen Kontenrahmens heißt es auf Seite 387 der Zeitschrift für handelswissenschaftliche Forschung: „*Normalisieren soll keineswegs Selbstzweck sein. Nicht im Gleichmachen, sondern im Verschiedensein stecken die größeren Entwicklungsmöglichkeiten.*"

Der Schmalenbach'sche Kontenrahmen erlebte bis 1939 sechs Auflagen; er fand eine bereitwillige Aufnahme und eine rasche Verbreitung. Dazu trug die Herausgabe in russischer und japanischer Sprache nicht unwesentlich bei.

Die erste Auflage des Schmalenbach'schen Kontenrahmens war bereits im Sommer 1928 vergriffen. Von vielen Großbetrieben wurde berichtet, daß man aus dem Kontenrahmen Vorteile gezogen habe.

Als im April 1929 die zweite Auflage des Schmalenbach'schen Kontenrahmens erschien, gab es eine *gesetzliche Gliederung* für die Bilanz sowie Bilanzformblätter für einzelne Branchen noch nicht.

Die Folgen der Ereignisse des 13. Juli 1931 (Zusammenbruch der Danatbank) fanden u. a. ihren Niederschlag in der Aktienrechtsnovelle vom 19. September 1931. Darin wurde erstmalig eine *Gliederung der Bilanz* sowie der Gewinn- und Verlustrechnung *gesetzlich festgelegt*.

Diese gesetzliche Gliederung der Bilanz und der Gewinn- und Verlustrechnung für die Aktiengesellschaften hat zwar direkt mit den Motiven und Aufgaben des Kontenrahmens von Prof. Schmalenbach nichts zu tun; dennoch kann man kaum umhin, den nunmehr *gesetzlich geregelten Mindestinhalt der Aktienbilanz als einen allgemein verbindlichen Kontenrahmen wenigstens für die Aktiengesellschaften anzusehen.*

Während bei dem Schmalenbach'schen Kontenrahmen die Förderung der *Kalkulationslehre und der monatlichen Erfolgsrechnung* im Vordergrund stand, zielt die gesetzliche Gliederung der Bilanz bei den Aktiengesellschaften auf Bilanzklarheit im Sinne des Gläubigerschutzes ab.

Nach Einführung der gesetzlichen Gliederungsvorschriften im Jahre 1931 ergab sich für die Aktiengesellschaften die Notwendigkeit, den neuen Bestimmungen Rechnung zu tragen. Die Gliederungsbestimmungen fanden entweder durch Änderung bzw. Erweiterung der bisherigen Kontierung Beachtung oder in der Mehrzahl der Fälle durch Einführung eines dementsprechenden Kontenplanes.

Nachdem die im Verordnungswege eingeführten Gliederungsvorschriften für die Bilanzen der Aktiengesellschaften eine *sechsjährige Bewährungszeit hinter sich hatten,* wurden sie bekanntlich mit relativ geringfügigen Änderungen in das neue Aktiengesetz vom 30. Januar 1937 übernommen.

Die Gedanken des Schmalenbach'schen Kontenrahmens hatten mittlerweile ihren weiteren Niederschlag in einer ganzen Reihe von Kontenplänen für einzelne Branchen gefunden, die vom Reichskuratorium für Wirtschaftlichkeit veröffentlicht wurden.

Der vom *Reichsausschuß für Betriebswirtschaft* entworfene und am *11. November 1937* veröffentlichte Kontenrahmen ist *in engster Anlehnung an den Schmalenbach'schen Kontenrahmen entstanden.*

Wenn Seebauer die Herkunft seiner Weisheit verleugnete, so muß ihm dieses Vergreifen an fremdem geistigem Eigentum noch nachträglich angekreidet werden.

Während die Motive, die zum Schmalenbach'schen Kontenrahmen geführt haben, in den verschiedenen Auflagen ausführlich angegeben sind, *fehlt in den Erläuterungen des Reichsausschusses für Betriebswirtschaft jede Begründung der Einteilung sowie der Reihenfolge der Kontenklassen.*

Bevor man aber eine Entscheidung über die Einteilung und Reihenfolge der Kontenklassen trifft, wird man zu prüfen haben, unter welchen Möglichkeiten im Rahmen des dezimalen Systems die Wahl besteht.

Die Motive, welche Prof. Schmalenbach im Jahre 1927 zu seiner ersten Veröffentlichung veranlaßten, weichen von den Zielen des Reichskommissars für die Preisbildung im Jahre 1937 teilweise erheblich ab.

Schmalenbach kam es zunächst darauf an, eine *Kontensystematik und Schaubildsymbole* zu wählen, die sich für den *akademischen Unterricht* eignen. Er wollte die *Kalkulationslehre* und die Lehre von der *monatlichen Erfolgsrechnung* dadurch fördern und verbessern, daß er seinen Hörern die *spröde Materie anschaulich machte.* Seine Art der Darstellung mußte sich vor allem zur *Zeichnung an der Wandtafel* während des Vortrages *eignen.* Hinter den Belangen der Darstellungsmethode in der Vorlesung und an der Wandtafel (Schaubildsymbole) und der theoretischen Zielsetzung durfte ungefährdet die Technik der Durchführung im Betrieb zurücktreten.

Schmalenbach mußte das Rechnungswesen als Ganzes sehen und deshalb die *Frage einer zweckmäßigen Form der Abgrenzung zwischen Finanzbuchhaltung und Betriebsbuchhaltung zurückstellen.* Im Sinne einer Förderung der richtigen Erfolgsrechnung sowie insbesondere der Kostenstellenrechnung ließ Schmalenbach *Bilanz- und Gewinn- und Verlustrechnung im hergebrachten Sinne bewußt zurücktreten.*

Seine Unterteilung begründet Schmalenbach wie folgt:

„Diese oberste Teilung ist also nach *buchungstechnischen Gesichtspunkten* erfolgt. Für die Einordnung eines Kontos ist zunächst entscheidend, ob auf dem Konto laufend gebucht wird oder ob Buchungen nur am Ende des Jahres bzw. während des Jahres nur ausnahmsweise vorkommen. Diese Ausgliederung der ruhenden Konten aus den übrigen hat sich als sehr vorteilhaft erwiesen, worüber noch zu sprechen sein wird.

Von den 9 Klassen der bewegten Konten steht die Klasse 1 wieder vereinzelt da. Sie enthält also die Bewegungen der Finanzkonten einschließlich der laufenden Schuldverhältnisse, also die Finanzwirtschaft. Diese Konten dienen dem Verkehr mit der Außenwelt.

Dagegen dienen die *Klassen 2—9* der bewegten Konten der gesamten *Aufwands-, Leistungs- und Erlösrechnung,* also der Aufzeichnung der innerbetrieblichen Vorgänge.

Unter den *Klassen 2—9* nimmt die *Klasse 2* eine Sonderstellung ein. Auf den Konten dieser Klasse sollen nur diejenigen Aufwendungen und Erträge gebucht werden, die die Jahresrechnung angehen, aber nicht in der Selbstkostenrechnung und der Monatserfolgsrechnung, falls die letztere mit der Selbstkostenrechnung eng verknüpft ist, berücksichtigt werden. Es handelt sich hier um die neutralen Aufwendungen und Erträge. Der Kontrolle der Betriebsgebarung im engeren Sinne, der Kalkulation und der Monatserfolgsrechnung dienen die Kontenklassen 3—9, wobei in den Kontenklassen 3—8 Kosten und Leistungen einschl. der Fertigfabrikate verrechnet werden, während die Klasse 9 außer der Verrechnung der reinen Verkaufskosten der Erlösabrechnung dient.

Die Kontenklassen 3—8 sind, entsprechend dem Rechnungsgang und dem praktischen Kontrollbedürfnis, gegliedert in die Klassen für Kostenarten, Kostenstellen- und Kostenträgerabrechnung."

Der Gedanke der Unterteilung in Bilanzkonten (Klasse 0 und 1) einerseits und Erfolgskonten (Klasse 2—9) anderseits ist einleuchtend, zumal es Schmalenbach in erster Linie darauf ankam, den *Kostenverlauf im Betriebe zu erfassen* und die richtige Erfolgsrechnung zu finden. Weniger einleuchtend ist die Unterteilung der Bilanzkonten in „Ruhende" und „Finanzkonten", und ich habe es von jeher angezweifelt, ob es ratsam ist, diese Unterteilung zum beherrschenden Ordnungsprinzip zu machen. Die Ausgliederung der „neutralen" Aufwendungen und Erträge mag zweckmäßig sein, nur kommt ihr in der Praxis der Größenordnung nicht die Bedeutung zu, wie es den Anschein hat. Soll man wirklich, wenn es sich um geringe Wohnhauserträge handelt oder einzelne Wertpapierzinsen, diesen eine Kontenklasse zur Verfügung stellen? Die Klassen 3—9 dienen der Erfolgsrechnung, und zwar nicht nur der Kostenartenrechnung, sondern auch der *Kostenstellenrechnung*, d. h. die *Betriebsbuchhaltung ist in die Finanzbuchhaltung eingebaut. An dieser Frage des Einbaus der Betriebsbuchhaltung scheiden sich die Geister.* Schulz hat sich schon 1935 für *getrennte Kontenkreise für Finanzbuchhaltung und Betriebsbuchhaltung* eingesetzt. Aus den gleichen Gründen ist der Kontenrahmen mit eingebauter Betriebsbuchhaltung im April 1938 in „Technik und Wirtschaft" von *Dr. Otto Bredt*, Hannover, und im „Praktischen Kaufmann" von Prof. Le Coutre, Berlin, angegriffen worden. Ich selber habe den Angriff gegen den Kontenrahmen mit eingebauter Betriebsbuchhaltung in meinen Vorträgen für den Deutschen Betriebswirtschaftlertag 1937 aufgenommen und mit meinem Aufsatz im „Betrieb" vom 1. März 1950 fortgesetzt. Die Kenntnis der innerbetrieblichen Abrechnung hat durch den Schmalenbach'schen Kontenrahmen eine nachhaltige Förderung erfahren, in der Praxis ist jedoch nur in seltenen Fällen der Versuch gemacht worden, die Überwälzung der Kostenarten auf die Kostenstellen *in einem Rechnungskreis* durchzuführen. Statt dessen blieb es für die Finanzbuchhaltung bei der Kostenartenrechnung, und die Betriebsabrechnung wurde in einem besonderen Kontensystem, der Betriebsbuchhaltung, durchgeführt oder in Form des Betriebsabrechnungsbogens oder auf statistischem Wege. Wenn man aber schon die Betriebsabrechnung aus der Finanzbuchhaltung herauslöst, dann entfällt die Notwendigkeit eines Numerierungssystems, welches die Konten der Betriebsbuchhaltung einschließt.

C. Der Reichskontenrahmen

Der Kontenplan des Reichskommissars (Seebauer) ist 1937 in Anlehnung an die Überlegungen von Schmalenbach entstanden. Die nachfolgende Gegenüberstellung zeigt die Verwandtschaft. Die nachstehende Inhaltsangabe der Kontenklassen ist teilweise auf kennzeichnende Stichworte beschränkt.

Kontenklasse	Schmalenbach	Reichskommissar
0	Ruhende	Ruhende
1	Finanzkosten	Finanzkonten
2	Neutrale	Abgrenzung
3	Kostenarten	Rohstoffe
4	Kostenarten	Kostenarten
5	frei	Verrechnung
6	Kostenstellen	Kostenstellen
7	Kostenstellen	Fabrikate
8	Kostenträger	Erlöse
9	Erlöse	Abschluß

Anstelle des Begriffs der *neutralen* Aufwendungen und Erträge verwendete somit der Reichskommissar den Begriff der Abgrenzung. Im Kontenrahmen wird demnach der Begriff „Abgrenzung" für neutrale Aufwendungen und Erträge verwendet, in der aktienrechtlichen Gliederung dagegen für transitorische Aktiva und Passiva, was höchst unzweckmäßig erscheint.

Die Klassen für Kostenarten sind in *Rohstoffe* und andere Kostenarten unterteilt. Für die Kostenstellen ist nur eine Klasse vorgesehen, daher verbleibt eine Klasse für die *Abschlußkonten*. Den formalen Abschlußkonten eine Kontenklasse zu reservieren, erscheint mir abwegig.

Zur Kontenklasse 6 „Kostenstellen" bemerkt die Erläuterung: „Wird die Kostenstellenrechnung in der Buchhaltung durchgeführt, so ist dafür diese Kontenklasse freizuhalten. *Es wird empfohlen, die Kostenstellenrechnung außerhalb der Buchhaltung durchzuführen.*" Warum der Reichskommissar angesichts dieser Erkenntnis das *Einkreissystem mit eingebauter Betriebsbuchhaltung* beibehalten hat, ist nicht verständlich.

Es gilt im übrigen dasselbe, was zum Schmalenbach'schen Kontenrahmen bereits ausgeführt worden ist.

Auf der gleichen Einteilung der Kontenklassen, d. h. unter Einbeziehung der innerbetrieblichen Verrechnung, beruht der 1954 vom Bundesverband der Deutschen Industrie herausgegebene *Gemeinschaftskontenrahmen der Industrie*, der an die Stelle der früheren Branchen-Kontenrahmen treten sollte.

Die *UEC* (Union Européenne des Experts Comptables, Economiques Florenz 1953) *hat weder das dezimale System noch die Numerierung und Reihenfolge der Kontenklassen in ihre Vorarbeiten übernommen.*

4. Finanzbuchhaltung und Betriebsbuchhaltung

Die Überlegungen hinsichtlich der Anordnung der Kontenklassen unterscheiden sich in erster Linie dadurch, daß von der einen Seite der *Einbau der Betriebsbuchhaltung* in den Kontenrahmen *befürwortet*

Ordnungsgrundsätze für die Gliederung der Konten

wird, während von der anderen Seite der *Einbau der Betriebsbuchhaltung* in den Kontenrahmen der Finanzbuchhaltung *abgelehnt wird*, wobei insbesondere auch zu berücksichtigen ist, daß zahlreiche kleine und mittlere Unternehmungen je nach Art und Branche vollkommen ohne Betriebsbuchhaltung auskommen, ohne daß man das Rechnungswesen dieser Betriebe als unzureichend bezeichnen könnte.

Kontenrahmen mit eingebauter Betriebsbuchhaltung

(Inhalt der Kontenklassen in Stichproben)

Kontenklasse	Schmalenbach 1927	Reichsausschuß 1937	Russische Zone EKRI 1949	Gemeinschafts-Kontenrahmen 1950
0	Ruhende	Ruhende	Anlagen und Kapital	Anlagen und Kapital
1	Finanz	Finanz	Finanz	Finanz
2	Neutrale	Abgrenzung	Abgrenzung	Neutrale
3	Aufwand	Einkauf	Einkauf	Einkauf
4	Magazin und Lohn	Kostenarten	Kostenarten	Kostenarten
5	Rückrechnung	Verrechnung	Verrechnung	Kostenstellen
6	Hilfsbetriebe	Kostenstellen	Herstellkosten	Kostenstellen
7	Hauptbetriebe	Erzeugnisse	Erzeugnisse	Erzeugnisse
8	Kostenträger	Erlöse	Erlöse	Erlöse
9	Erlöse	Abschluß	Abschluß	Abschluß

(Klassen 5–7: Betriebsbuchhaltg)

Kontenrahmen mit separater Betriebsbuchhaltung

Kontenklasse	Bredt 1938	Österreich 1947	Schweiz 1947	Rentrop 1950
0	Anlagen	Anlagen	Aktiva	Anlagen
1	Landfr. Ford. u. Schulden	Vorräte	Passiva	Vorräte
2	Kurzfr. Ford. u. Schulden	Geld u. Ford.	Einkauf	Forderungen
3	Flüssige Mittel	Schulden	Kostenarten	Guthaben
4	Warenbestände	Material	Verrechnung	Kapital
5	Kostenarten	Personalkosten	Erlös	Schulden
6	frei	Sonstiger Aufwand	Neutrale	Einkauf
7	Erlöse	Sonstiger Aufwand	Abschluß	Fertigung
8	Neutrale	Erträge	frei	Verwaltung, Vertrieb
9	Kapital und Abschluß	Eigenkapital	frei	Verkauf

Wie die vorstehende Übersicht zeigt, haben sich zu einer *Einteilung der Kontenklassen ohne Rücksicht auf die Kostenstellenrechnung 1947 unter anderem Österreich und die Schweiz entschlossen.*

5. Der bilanzorientierte Kontenrahmen

Meine Bedenken gegen alle Kontenrahmen mit eingebauter Betriebsbuchhaltung bestehen darin, daß die *Kontenklassen nach rein buchtechnischen Gesichtspunkten gebildete, abstrakte Oberbegriffe ohne irgendeinen wissenswerten konkreten zahlenmäßigen Inhalt sind. Stattdessen müßte nach meiner Auffassung der Rohabschluß der Kontenklassen zu einer Gesamtübersicht in konzentriertester Form führen:* Aktiva, Passiva (Finanzlage), Einnahmen, Ausgaben (Ertragslage).

Mit Hilfe des nachfolgenden *Beispiels* habe ich den gleichen Jahresabschluß nach dem *Aktienrecht*, nach Schmalenbach, nach dem Reichsausschuß und nach meinem Vorschlag in Kontenklassen aufgegliedert.

Jahresbilanz
(Gliederung nach Aktienrecht)

Aktiva		Passiva	
I. Anlagevermögen		I. Grundkapital	200 000,—
1. Bebaute Grundstücke	80 000,—	II. Rücklagen	30 000,—
2. Unbebaute Grundstücke	10 000,—	III. Wertberichtigungen	
3. Maschinen	50 000,—	IV. Rückstellungen	12 000,—
4. Einrichtung	14 000,—	V. Verbindlichkeiten	
5. Beteiligungen	30 000,—	1. Hypotheken	34 000,—
6. Wertpapiere	20 000,—	2. Warenschulden	70 000,—
II. Umlaufvermögen		3. Akzepte	8 000,—
1.—3. Vorräte	90 000,—	4. Bankschulden	20 000,—
4. Warenforderungen	110 000,—	5. Sonst. Schulden	10 000,—
5. Wechsel	6 000,—	VI. Rechnungsabgrenzung	18 000,—
6. Kassenbestand	4 000,—	Gewinn	
7. Bankguthaben	2 000,—	Gewinnvortrag	4 000,—
8. Sonst. Forderungen	25 000,—	Gewinn	40 000,—
III. Rechnungsabgrenzung	5 000,—		
	DM 446 000,—		DM 446 000,—

Gewinn- und Verlustrechnung

I. Aufwand		II. Ertrag	
1. Löhne u. Gehälter	300 000,—	1. Rohertrag	410 000,—
2. Soziale Abgaben	30 000,—	2. Außerordentlicher Ertrag	18 000,—
3. Abschreibungen	30 000,—		
4. Zinsen	1 000,—		
5. Besitzsteuern	25 000,—		
6. Berufsverbände	2 000,—		
Gewinn	40 000,—		
	DM 428 000,—		DM 428 000,—

Kontiert man diese Bilanz nach dem *Schmalbenbach'schen* Kontenrahmen, so ergibt sich folgende *Rohbilanz der Kontenklassen:*

Rohbilanz der Kontenklassen nach Schmalenbach
(Klasse 5—7 Kostenstellen)

Klasse		Klasse	
1 Finanzkonten	24 000,—	0 Ruhende Konten	74 000,—
3 Aufwand (nicht anderen Klassen angehörig)	153 000,—	2 Neutrale	48 000,—
		8 Fabrikate	730 000,—
4 Magazin und Löhne	660 000,—		
9 Verkaufskonten	15 000,—		
	DM 852 000,—		DM 852 000,—

Berechnungsnachweis
Klasse 0 Ruhende Konten

Bebaute Grundstücke	80 000,—	Grundkapital	200 000,—
Unbebaute Grundstücke	10 000,—	Rücklagen	30 000,—
Maschinen	50 000,—	Rückstellungen	12 000,—
Einrichtung	14 000,—	Sonst. Schulden	10 000,—
Beteiligungen	30 000,—	Gewinnvortrag	4 000,—
Wertpapiere	20 000,—	Hypotheken	34 000,—
Sonst. Forderungen	25 000,—	Abgrenzung	18 000,—
Abgrenzung	5000,—		
Bilanz	74 000,—		
	DM 308 000,—		DM 308 000,—

Klasse 1 Finanzkonten

Warenforderung	110 000,—	Warenschulden	70 000,—
Wechsel	6 000,—	Akzepte	8 000,—
Kassenbestand	4 000,—	Bankschulden	20 000,—
Bankguthaben	2 000,—	Bilanz	24 000,—
	DM 122 000,—		DM 122 000,—

Klasse 2 Neutraler Ertrag, Aufwand, Nicht-Aufw.

Vorräte	10 000,—	Hausmiete	15 000,—
Bilanz	48 000,—	Außerordentl. Ertrag	18 000,—
		Kalk. Abschr. + Zinsen	25 000,—
	DM 58 000,—		DM 58 000,—

Klase 3 Aufwand, nicht anderen Klassen angehörend

Allg. Betriebsunkosten	40 000,—	Bilanz	153 000,—
Allg. Handlungskosten	30 000,—		
Abschreibungen	30 000,—		
Zinsen	1 000,—		
Besitzsteuern	25 000,—		
Berufsverbände	2 000,—		
Kalk. Zinsen	15 000,—		
Kalk. Abschreibungen	10 000,—		
	DM 153 000,—		DM 153 000,—

Klasse 4 Magazin- und Lohnkonten

Anfangsbestand Rohstoffe	30 000,—	Bilanz	660 000,—
Einkauf	300 000,—		
Löhne einschl. soz. Abgaben	330 000,—		
	DM 660 000,—		DM 660 000,—

Klasse 8 Fabrikate

Anfangsbestand Fabrikate	50 000,—	Umsatz	780 000,—
Bilanz	730 000,—		
	DM 780 000,—		DM 780 000,—

Klasse 9 Verkaufskonten

Handlungsunkosten Abt. A	5 000,—	Bilanz	15 000,—
Handlungsunkosten Abt. B	10 000,—		
	DM 15 000,—		DM 15 000,—

Fragt man sich nun, welche Aufschlüsse dieser Rohabschluß zu geben vermag, so kann man nicht umhin zu bekennen, daß diese Ziffern überhaupt keinen Aufschluß geben, sondern lediglich eine *völlig uninteressante Abstimmungsarbeit* darstellen.

Der Saldo der Ruhenden Konten in Klasse 0 besagt lediglich, daß die Ruhenden Konten mit einem Habensaldo um DM 74 000,— größer waren, als die Finanzkonten mit einem Sollsaldo.

Der Saldo der Klasse 1 der Finanzkonten kann nicht einmal als sogenannte Finanzspanne im Sinne der Liquidität angesprochen werden, weil die langfristigen Forderungen und Schulden unter die Ruhenden Konten eingereiht sind.

Die Klasse 2 gibt darüber Aufschluß, in welchem Ausmaß die neutralen Aufwendungen hinter den neutralen Erträgen zurückgeblieben sind.

Der in Klasse 3 nicht anderen Klassen angehörende Aufwand ist weder für die Kalkulation noch für die monatliche Erfolgsrechnung von Interesse.

Die Summe der Klasse 4, Magazin und Lohnkonten, würde einen Überblick über die diesbezüglichen Ausgaben geben, wenn die Bestände der Bilanz nicht auf diesen Konten vorgetragen wären.

In entsprechender Weise würde Klasse 8 den Umsatz angeben, wenn nicht der Anfangsbestand an Fertigungsfabrikaten damit verrechnet wäre.

Die Sammlung der Verkaufskonten in Klasse 9 ist für die Kalkulation von Interesse.

Für den Kontenplan des *Reichskuratoriums* würde sich mit den gleichen Zahlen folgendes Bild ergeben:

Rohbilanz der Kontenklassen nach dem Reichsausschuß

Klasse			Klasse		
1	Finanzkonten	24 000,—	0	Ruhende Konten	74 000,—
3	Einkauf + Bestände	390 000,—	2	Abgrenzungskonten	57 000,—
4	Kostenarten	482 000,—	8	Verkaufserlös	765 000,—
		DM 896 000,—			DM 896 000,—

Berechnungsnachweis

Klasse 0 Ruhende Konten

Bebaute Grundstücke	80 000,—	Grundkapital	200 000,—
Unbebaute Grundstücke	10 000,—	Rücklagen	30 000,—
Maschinen	50 000,—	Rückstellungen	12 000,—
Einrichtung	14 000,—	Sonst. Schulden	10 000,—
Beteiligung	30 000,—	Gewinnvortrag	4 000,—
Wertpapiere	20 000,—	Hypotheken	34 000,—
Sonst. Forderungen	25 000,—	Pass. Rechnungs-	
Akt. Rechnungsabgr.	5 000,—	abgrenzung	18 000,—
Bilanz	74 000,—		
	DM 308 000,—		DM 308 000,—

Klasse 1 Finanzkonten

Warenforderung	110 000,—	Warenschulden	70 000,—
Wechsel	6 000,—	Akzepte	8 000,—
Kassenbestand	4 000,—	Bankschulden	20 000,—
Bankguthaben	2 000,—	Bilanz	24 000,—
	DM 122 000,—		DM 122 000,—

Klasse 2 Abgrenzungskonten

Zinsen	1 000,—	Kalk. Zinsen und	
Bilanz	57 000,—	Abschreibung	25 000,—
		Hausmiete	15 000,—
		Außerordentl. Ertrag	18 000,—
	DM 58 000,—		DM 58 000,—

Klasse 3 Einkauf und Bestände

Bestand	90 000,—	Bilanz	390 000,—
Einkauf	300 000,—		
	DM 390 000,—		DM 390 000,—

Klasse 4 Kostenarten

Löhne und soz. Abgaben	330 000,—	Bilanz	482 000,—
Besitzsteuern	25 000,—		
Abschreibungen	30 000,—		
Berufsverbände	2 000,—		
Allgem. Betriebs-unkosten	40 000,—		
Allgem. Handlungs-unkosten	30 000,—		
Kalk. Zinsen und Abschreibungen	25 000,—		
	DM 482 000,—		DM 482 000,—

Klasse 8 Erlöskonten

Handlungsunkosten		Umsatz	780 000,—
Abt. A	5 000,—		
dto. Abt. B	10 000,—		
Bilanz	765 000,—		
	DM 780 000,—		DM 780 000,—

Die Klasseneinteilung für die Bilanzkonten entspricht dem Schmalenbach'schen Kontenrahmen und hat mit ihm gemeinsam, daß in Klasse 0 und 1 *Aktiva und Passiva saldiert werden*, während beispielsweise sowohl nach den Grundsätzen ordnungsgemäßer Buchführung als auch *nach dem Aktienrecht* eine *Saldierung* von Forderungen und Schulden im Interesse der Bilanzklarheit ausdrücklich für *unzulässig* erklärt ist. Während Schmalenbach im Jahre 1927 die bereits erwähnten besonderen Gründe für die Komprimierung der Bilanzkonten hatte, ist es nicht verständlich, warum ihm der Reichsausschuß hierin *nach Vorliegen des Aktienrechts* gefolgt ist.

In der Kontenklasse 3 ist die Einbeziehung der Rohstoffbestände in die Summe des Einkaufs störend.

Demgegenüber würde eine Bilanz der Kontenklassen *nach meinem Vorschlag* zu folgender Übersicht führen:

Bilanz der Kontenklassen (nach Dr. Rentrop)
(Finanzwirtschaftliche, kalkulatorische Orientierung)

Bilanz

Aktiva Klasse			Klasse		Passiva
0	Anlagen	204 000,—	4	Kapital	246 000,—
1	Vorräte	90 000,—	5	Schulden	142 000,—
2	Forderungen	97 000,—		Gewinn	40 000,—
3	Guthaben	37 000,—			
		DM 428 000,—			DM 428 000,—

Gewinn- und Verlustrechnung

Aufwand Klasse			Klasse		Ertrag
6	Einkauf	300 000,—	9	Verkauf	765 000,—
7	Fertigung	370 000,—			
8	Verwaltung und Vertrieb	55 000,—			
	Gewinn	40 000,—			
		DM 765 000,—			DM 765 000,—

Der bilanzorientierte Kontenrahmen

Berechnungsnachweis
Klasse 0 Anlagen und Vorräte

Bebaute Grundstücke	80 000,—	Bilanz	204 000,—
Unbebaute Grundstücke	10 000,—		
Maschinen	50 000,—		
Einrichtung	14 000,—		
Beteiligung	30 000,—		
Wertpapiere	20 000,—		
	DM 204 000,—		DM 204 000,—

Klasse 1 Vorräte

Bestände	DM 90 000,—	Bilanz	DM 90 000,—

Klasse 2 Forderungen

Warenforderungen	110 000,—	Pass. Rechnungs-abgrenzung	18 000,—
Akt. Rechnungs-abgrenzung	5 000,—	Bilanz	97 000,—
	DM 115 000,—		DM 115 000,—

Klasse 3 Guthaben

Wechsel	6 000,—	Bilanz	37 000,—
Kassenbestand	4 000,—		
Bankguthaben	2 000,—		
Sonst. Forderungen	25 000,—		
	DM 37 000,—		DM 37 000,—

Klasse 4 Kapital

Bilanz	246 000,—	Grundkapital	200 000,—
		Rücklagen	30 000,—
		Rückstellungen	12 000,—
		Gewinnvortrag	4 000,—
	DM 246 000,—		DM 246 000,—

Klasse 5 Schulden

Bilanz	142 000,—	Hypotheken	34 000,—
		Warenschulden	70 000,—
		Akzepte	8 000,—
		Bankschulden	20 000,—
		Sonst. Schulden	10 000,—
	DM 142 000,—		DM 142 000,—

Klasse 6 Einkauf

Einkauf	DM 300 000,—	G. V.	300 000,—

Klasse 7 Fertigung

Löhne	330 000,—	G. V.	370 000,—
Betriebsunkosten	40 000,—		
	370 000,—		DM 370 000,—

Klasse 8 Verwaltung und Vertrieb

Handlungsunkosten	30 000,—	Hausmiete	25 000,—
Abschreibung	30 000,—	Außerordentl. Ertrag	18 000,—
Zinsen	1 000,—	G. V.	55 000,—
Besitzsteuern	25 000,—		
Berufsverbände	2 000,—		
Hausunkosten	10 000,—		
	DM 98 000,—		DM 98 000,—

Klasse 9 Verkauf

Erlösminderung	15 000,—	Umsatz	780 000,—
G. V.	765 000,—		
	DM 780 000,—		DM 780 000,—

Die Reihenfolge der Kontenklassen ist also hier nach der Anordnung der Konten in der Bilanz, nämlich Aktiva, Passiva, Aufwand, Ertrag, ausgerichtet. Die vorstehende *Übersicht in konzentrierter Form* gibt zunächst Aufschluß über das Verhältnis der Anlagen und der Vorräte zu Kapitalien und Rücklagen (Finanzlage). Dieses Verhältnis ist für jedes Unternehmen nicht nur aus *Liquiditäts*gründen von Wichtigkeit, sondern auch wegen der *Beziehungen zwischen Sachwerten und Geldwerten*.

Aus dem Verhältnis der Klassen 2 und 3 zu der Klasse 5 können die *finanzielle Anspannung* und die *Liquidität* jederzeit abgelesen werden, wie die folgende Berechnung zeigt:

Klasse 2 Forderungen	97 000,—
3 Guthaben	37 000,—
	DM 134 000,—
./. Klasse 5 Schulden	142 000,—
Finanzspanne	./. 8 000,—
Finanzspanne Vormonat (angenommen)	+ 15 000,—
Verschlechterung	DM 23 000,—

Die *Unterteilung des Warenkontos in 3 Kontenklassen* dient vor allem der Förderung und Erleichterung einer *kalkulatorisch orientierten kurzfristigen Erfolgsrechnung,* wie nachfolgendes Beispiel zeigt.

Klasse

6	Einkauf		300 000,—
	./. Bestandszunahme (angenommen)		40 000,—
	Fertigungsmaterial Verbrauch		260 000,—
7	Fertigungslöhne		160 000,—
	Fertigungsgemeinkosten (Zuschlag auf Fert.-Lohn 50 %)		80 000,—
	Herstellkosten		500 000,—
8	Verwaltungs- und Vertriebskosten (Zuschlag auf Fert.-Lohn 62 %)		rd. 100 000,—
	Selbstkosten		DM 600 000,—
	Gewinn 10 %		60 000,—
9	Verkauf	DM 760 000,—	
	./. Bestandsabnahme (angenommen)	100 000,—	DM 660 000,—

Während die Unterteilung der Kontenklassen 0—5 (Bilanzkonten) der aktienrechtlichen Gliederung angepaßt werden kann, halte ich für die Unterteilung der Kontenklassen 6—9 (Erfolgsrechnung) die Anpassung an die *kalkulatorische Bruttorechnung für richtiger* als die politisch orientierte Nettorechnung in § 132 des Aktienrechts.

Wenn ich für *neutrale Aufwendungen und Erträge* keine Kontenklasse vorgesehen habe, so deshalb, weil nach meiner Erfahrung bei der Mehrzahl der mittleren und kleineren Betriebe neutrale Aufwendungen und Erträge nicht in einem solchen Umfang vorkommen, der es rechtfertigen würde, dafür eine ganze Kontenklasse zur Verfügung zu stellen. Die Einnahme- und Ausgabeberechnung von Werkswohnungen, die in der Regel unter den neutralen Aufwendungen und Erträgen erfaßt wird, läßt sich kalkulatorisch nachträglich erforderlichenfalls leicht ausgliedern.

Verzichtet man auf den Einbau der *Betriebsabrechnung* in das System der Kontenklassen, so gibt es für die *Durchführung der Betriebsabrechnung drei Wege:*

1. Kostenstellen als Unterteilung der Kostenarten,
2. Kostenstellen in besonderer Betriebsbuchhaltung,
3. statistische Kostenstellenrechnung auf Betriebsabrechnungsbogen.

Zu 1. Der *Einbau der Kostenstellen in den Kontenrahmen* kommt vor allem für Handelsbetriebe und Filialbetriebe in Betracht, er setzt mehr oder weniger voraus, daß es möglich ist, bei der Primärbuchung die Ausgaben bzw. Aufwendungen auf die Kostenstellen zu verteilen.

B e i s p i e l

Klasse 7 Fertigung
Gruppe 70 Löhne
Kostenstelle 700 Filiale 1   2000,—
Kostenstelle 701 Filiale 2   1000,—
Kostenstelle 702 Filiale 3   4000,—

DM 7000,—

Zu 2. Erweist es sich als notwendig, die Betriebsbuchhaltung *auszugliedern,* so kommt für den Rechnungskreis der *Betriebsbuchhaltung* folgende *Klasseneinteilung* in Frage:

Klasse 0   Finanzbuchhaltung
Klasse 1   Neutrale Aufwendungen und Erträge
Klasse 2   Verrechnungspreisdifferenzen
Klasse 3   Kalkulatorischer Aufwand
Klasse 4   Beschäftigungsausgleich
Klasse 5   Hilfsbetriebe
Klasse 6   Hauptbetriebe
Klasse 7   frei (Plankosten)
Klasse 8   frei (Zwölftelung)
Klasse 9   frei (Inventurdifferenzen).

Man sieht, in diesem System ist *Raum für jede Art Verfeinerung der Rechnung.* Gefordert werden muß in jedem Fall im Ergebnis die Übereinstimmung der Summe der Kostenstellenergebnisse mit der Kostenartenrechnung der Finanzbuchhaltung.

Zu 3. Auf die statistische Form der Kostenstellenrechnung in Form des *Betriebsabrechnungsbogens* soll hier nicht weiter eingegangen werden, nachdem diese Form am breitesten in den letzten Jahren literarisch behandelt wurde.

Ich hoffe damit die Ablehnung des Kontenrahmens mit eingebauter Betriebsbuchhaltung hinreichend begründet zu haben.

Die gleiche Ablehnung hat der Kontenrahmen mit eingebauter Betriebsbuchhaltung 1937 bereits erfahren von Dr. Ing. Otto Bredt in Technik und Wirtschaft April 1938 und von Prof. Dr. Le Contre im praktischen Kaufmann.

Abschließend wiederhole ich hier meinen

Vorschlag für getrennte Kontenrahmen

a) für die *Finanzbuchhaltung* und
Aktiva
Klasse 0   Anlagen
Klasse 1   Vorräte
Klasse 2   Forderungen
Klasse 3   Guthaben
Passiva
Klasse 4   Kapital
Klasse 5   Schulden

Aufwand
Klasse 6   Einkauf
Klasse 7   Fertigung
Klasse 8   Verwaltung u. Vertrieb

Ertrag
Klasse 9   Verkauf

b) für *Betriebsbuchhaltung*

Klasse 0   Finanzbuchhaltung
Klasse 1   Neutrale
Klasse 2   Verrechnungspreise
Klasse 3   Kalkulatorischer Aufwand

Klasse 4   Beschäftigungsausgleich
Klasse 5   Hilfsbetriebe

Klasse 6   Hauptbetriebe
Klasse 7   frei (Plankosten)
Klasse 8   frei (Zwölftelung)

Klasse 9   frei (Inventurdifferenzen).

6. Abschlußgliederung nach dem Aktiengesetz von 1937

Anläßlich der Tagung des Instituts der Wirtschaftsprüfer zum 25-jährigen Bestehen vom 1. bis 3. Oktober 1956 in Düsseldorf hat der *Arbeitskreis der Wirtschaftsprüfer* seine Vorschläge zur Aktienrechtsreform vorgelegt. (Veröffentlicht von der Verlagsbuchhandlung des Instituts in Düsseldorf 1956.) In der angeführten Schrift werden die Vorschläge den geltenden gesetzlichen Vorschriften gegenübergestellt.

Einige dieser Vorschläge halte ich nicht für zweckmäßig.

1. Bei der *Auswahl der Konten* sind die *Größenordnungen* hinsichtlich des Konteninhalts stärker zu berücksichtigen als bisher.
2. Man sollte in diesem Sinne *alle Posten ausgliedern, die selten vorkommen,* und ihre Erwähnung durch Zusatzbestimmungen außerhalb der Gliederung von Fall zu Fall regeln.
3. An Stelle langatmiger Definitionen sind *Kurzbezeichnungen* vorzuziehen.
4. Man sollte sich nicht auf Schönheitsreparaturen beschränken.
5. Neue Begriffe sind tunlichst zu vermeiden und die Bezeichnungen des gewöhnlichen Sprachgebrauchs zu nehmen.

Ich komme nun zunächst zu dem Änderungsvorschlag für die

Gliederung der Bilanz § 131 Aktiengesetz

Die vorgeschlagene *obere Gliederung* der *Aktivseite* sieht vor:
(Arbeitskreis der Wirtschaftsprüfer)

- I. Ausstehende Einlagen auf das Grundkapital,
- II. Sachanlagen und immaterielle Anlagewerte,
- III. Finanzanlagen,
- IV. Vorräte,
- V. Andere Vermögenswerte,
- VI. Posten der Rechnungsabgrenzung,
- VII. Gegenposten zum Eigenkapital
- VIII. Bilanzverlust.

Demgegenüber empfehle ich folgende *Unterteilung:*
(Dr. Rentrop)

- I. Anlagen,
- II. Wertpapiere und Beteiligungen,
- III. Vorräte,
- IV. Forderungen und Guthaben.

Begründung

Zu I. *Ausstehende Einlagen auf das Grundkapital.*

Die Aufführung an erster Stelle läßt sich weder aus dem Liquiditätsgliederungsprinzip noch aus dem Ablaufgliederungsprinzip rechtfertigen. Ausstehende Einlagen kommen fast nur bei Versicherungsgesellschaften vor; in anderen Ländern werden sie auch bei den Versicherungsgesellschaften mit dem eingezahlten Kapital saldiert ausgewiesen.

Die Behandlung kann außerhalb des Gliederungsschemas durch Zusatzbestimmungen erfolgen.

Zu II. und III. *Sachlagen und immaterielle Anlagewerte, Finanzanlagen*

Zu der Änderung der Bezeichnung „Anlagevermögen" in die Bezeichnung „Sachanlagen und immaterielle Anlagewerte" erblicke ich keine Veranlassung und empfehle die Kurzbezeichnung „Anlagen". Die Herausnahme und gesonderte Ausweisung der Finanzanlagen aus den Anlagen halte ich für richtig.

Anstatt „Finanzanlagen" würde ich einfach sagen: „Wertpapiere und Beteiligungen".

Zu IV. Vorräte
Die Aufgabe des Begriffs „Umlaufvermögen" habe ich von jeher vertreten und den gesonderten Ausweis der Vorräte als Posten von größtem Gewicht gefordert.

Zu V. Andere Vermögenswerte
An Stelle dieses reichlich undeutlichen Oberbegriffs würde ich sagen: „Forderungen und Guthaben" auch auf die Gefahr hin, daß einige sonstige Aktiven weder zu den Forderungen noch zu den Guthaben zählen. Dafür sind diese sonstigen Aktiven meist von untergeordneter Bedeutung.

Zu VI. Posten der Rechnungsabgrenzung
Es war und ist in keiner Weise gerechtfertigt, diese Posten in die obere Gliederung aufzunehmen; sie sind in vielen Bilanzen überhaupt nicht vorhanden oder spielen eine untergeordnete Rolle (Versicherungsbeiträge, Pacht, Zinsen, Diskont usw.). Es bestehen deshalb keine Bedenken, die Abgrenzung unter die sonstigen Aktiven aufzunehmen.

Zu VII. und VIII. Gegenposten zum Eigenkapital, Bilanzverlust
Beide Positionen zählen zu denjenigen Posten, die nur von Fall zu Fall Bedeutung haben und deshalb aus dem Schema herausbleiben können.

Die vorgeschlagene *obere Gliederung der Passivseite* sieht vor:
(Arbeitskreis der Wirtschaftsprüfer)
I. Eigenkapital
II. Sonderposten
III. Wertberichtigungen
IV. Rückstellungen
V. Langfristig aufgenommenes Fremdkapital
VI. Andere Verbindlichkeiten
VII. Posten der Rechnungsabgrenzung
VIII. Bilanzgewinn.

Demgegenüber empfehle ich folgende Unterteilung:
(Dr. Rentrop)
I. Eigenkapital
II. Fremdkapital

Zu I und II. Eigenkapital
Die Zusammenfassung der eigenen Mittel stellt zweifellos gegenüber der bestehenden Gliederung einen Vorteil dar.

Zu den eigenen Mitteln zählen aber auch die nichtversteuerten Rücklagen (7 c). Ich schlage daher folgende Unterteilung vor:

I. *Eigenkapital*
1 Grundkapital
2 Gesetzliche Reserven
3 freie, versteuerte Reserven
4 unversteuerte Reserven.

Damit möchte ich mich gleichzeitig dafür einsetzen, an Stelle des Begriffs der Rücklagen den *älteren Begriff der Reserven* wieder einzuführen, weil der Begriff der Rücklagen zu oft zu Verwechslungen mit dem Begriff der Rückstellung führt und umgekehrt.

Die Position „Sonderposten" soll also in meinem Vorschlag in „unversteuerte Reserven" umgetauft werden.

Zu III. *Wertberichtigungen*

Die Aufnahme von Wertberichtigungen unter die Passiva ist im Sinne des Liquiditätsgliederungsprinzips in jedem Falle störend und hat mit dem Ablaufgliederungsprinzip erst recht nichts zu tun. Wertberichtigungen sind deshalb in allen Fällen bei den entsprechenden Aktiven abzusetzen. Die aktivische Form der Abschreibungen ist die übliche. Lediglich die Versorgungsbetriebe bevorzugten die passivische Form. In der Eigenbetriebsverordnung erfolgt die Fortschreibung der Wertberichtigung zum Anlagevermögen in einem besonderen Anlagennachweis, während in der Bilanz nur der Saldo aus Anschaffungswerten und Abschreibungen auszuweisen ist.

Die Delkredererückstellung gehört, wenn sie überhaupt unter den Passiven erscheint, unter die Rückstellungen. Im Sinne des wirklichen Wertansatzes der Forderungen ist sie mit diesen zu saldieren.

Zu IV. *Rückstellungen*

Ich halte es nicht für richtig, den Rückstellungen in der oberen Gliederung einen Platz einzuräumen und empfehle daher, sie unter die Schulden aufzunehmen; sie zählen im Zweifelsfalle zum Fremdkapital. Den gesonderten Ausweis der Versorgungsansprüche halte ich für erwünscht.

Zu V. und VI. *Langfristig aufgenommenes Fremdkapital und andere Verbindlichkeiten*

Die Unterteilung ist zwar zur Beurteilung der Liquidität vorteilhaft. Die Schwierigkeit der Unterscheidung geht aber schon aus der Erläuterung zum Änderungsvorschlag des Arbeitskreises hervor, wenn es heißt: „Als langfristig sollen solche Posten erfaßt werden, die im *Zeitpunkt der Aufnahme* langfristigen Charakter hatten, auch wenn sie im Zeitpunkt der Bilanzierung nicht mehr als langfristig anzusehen sind." Ich halte es nicht für richtig, als obere Unterteilung des Fremdkapitals die Unterscheidung von langfristigem Fremdkapital und anderen Verbindlichkeiten zu fordern.

Zu VII. und VIII. *Posten der Rechnungsabgrenzung, Bilanzgewinn*
Es gilt das gleiche, wie bereits zu den entsprechenden Posten unter den Aktiven gesagt wurde.

Als *obere Gliederung der Passivseite der Bilanz* empfehle ich lediglich *die Unterteilung in Eigenkapital und Fremdkapital, die primär jeder Bilanzbeurteilung zugrunde liegt.*

Inkonsequent bleibt bei dieser Art der Darstellung der Ausweis des Gewinns, der zum Eigenkapital zählt, hinter dem Fremdkapital. Wollte man die *Liquiditätsschichtung* restlos durchführen, so ergäbe sich folgende obere Gliederung:

Aktiva	Passiva
I. Forderung und Guthaben	I. Fremdkapital
II. Vorräte	II. Eigenkapital
III. Wertpapiere und Beteiligungen	III. Gewinn
IV. Anlagen	

Es sei darauf hingewiesen, daß in Bilanzanalysen der Handelspresse und in Darstellungen der Kreditabteilung der Banken und Sparkassen seit langem in ähnlicher Weise verfahren wird.

Auch in Bilanzen des Handels ist mir der Beginn mit den flüssigen Mitteln, also die umgekehrte Reihenfolge, wie im Aktienrecht gefordert, oft begegnet.

Damit komme ich zur *Unterteilung der Gruppen,* soweit dazu nicht bereits etwas gesagt ist.

Grundstücke
Ich halte es für übertrieben, in der gesetzlichen Mindestgliederung 4 Arten von Grundstücken zu unterscheiden und halte den Ausweis der Grundstücke und Gebäude insgesamt für ausreichend.

Maschinen und Werkzeuge
Ich halte die Kurzbezeichnungen des Vorschlags des Fachausschusses des Instituts der Wirtschaftsprüfer (siehe WT-Jahrbuch 1941 S. 404) für ausreichend.
Anlagen im Bau und Anzahlungen auf Anlagen, Kommissionen usw.
Der Ausweis von Fall zu Fall kann durch Zusatzbestimmungen geregelt werden, ebenso wie der Ausweis von Konzessionen, Patenten, Lizenzen, Marken- und ähnlichen Rechten. Derartige immaterielle Werte finden sich in den veröffentlichten Bilanzen nur selten, im Falle der Liquidation werden sie meist zu Nonvaleurs. Der vorsichtige Kaufmann vermeidet es deshalb, immaterielle Werte auszuweisen.
Wertpapiere und Beteiligungen.
Die Unterteilung in Wertpapiere einerseits und Beteiligungen andererseits im Sinne der Kurzbezeichnungen halte ich für ausreichend.
Vorräte
Den Ausweis mit den Kurzbezeichnungen: Verbrauchsstoffe, Halbfabrikate und Fertigwaren genügt.
Forderungen
Mein Vorschlag ändert im Sinne der Liquiditätsschichtung die Reihenfolge und bedient sich der Kurzbezeichnungen. Sogenannte „Umlaufwertpapiere" sowie „eigene Aktien" kommen selten vor. Der Ausweis ist daher nur von Fall zu Fall zu fordern.
Fremdkapital
Meine Empfehlungen beschränken sich im wesentlichen auf die Einführung von Kurzbezeichnungen und die Änderung der Reihenfolge der Posiitonen.

Gliederung der Gewinn- und Verlustrechnung
(§ 132 Aktiengesetz)

Dem Vorschlag, die Gewinn- und Verlustrechnung in Jahreserfolgsrechnung umzutaufen, vermag ich mich nicht anzuschließen, zumal der Begriff für Rumpfgeschäftsjahre nicht paßt.
Auch die Einführung der Staffelrechnung, *englischem Vorbild entsprechend,* gefällt mir nicht. Die Ableitung des Bilanzgewinns aus dem Umsatz ist zwar sehr instruktiv und zur Darstellung der Ertragslage im Prüfungsbericht auch bereits weitgehend üblich, für die Veröffentlichung halte ich die bisherige Darstellung in Kontenform jedoch für besser.

Die Begründung bezeichnet als vornehmstes Ziel, das Bilanzergebnis aus dem Bruttoumsatz zu entwickeln. Das kann man bekanntlich mit der Kontenform ebensogut erreichen.

Hinsichtlich der Ausgestaltung der Gewinn- und Verlustrechnung schließe ich mich dem Vorschlag von Dr. Carl Ernst Schulz, Düsseldorf, von Januar 1955 an (veröffentlicht in Band 10 der Schriftenreihe des Instituts der Wirtschaftsprüfer).

Dr. Schulz fordert das Bruttoprinzip für die Erfolgsrechnung mit der Genehmigung für die Veröffentlichung die *Aufrechnung bestimmter Posten* zu gestatten.

Dieser Vorschlag hat im § 22 der Eigenbetriebsverordnung für Nordrhein-Westfalen vom 22. 12. 1953 bereits Gestalt angenommen, wenn es dort heißt: Bei der Veröffentlichung kann die Gewinn- und Verlustrechnung so gegliedert werden, wie es das Aktiengesetz vorsieht.

Ich würde es begrüßen, wenn diese Empfehlungen bei den weiteren Beratungen der Reform des Aktienrechts Berücksichtigung fänden. Meine hier begründeten Vorschläge würden zu folgender Normalgliederung führen:

Entwurf Dr. Rentrop zu § 131
(Aktiengesetz)

A k t i v a	P a s s i v a

I. *Anlagen*
  1. Grundstücke und Gebäude
  2. Maschinen
  3. Werkzeuge und Einrichtung
II. *Wertpapiere und Beteiligungen*
  1. Wertpapiere
  2. Beteiligungen
III. *Vorräte*
  1. Verbrauchsstoffe
  2. Halbfabrikate
  3. Fertigwaren
IV. *Forderungen und Guthaben*
  1. Hypotheken und Grundschulden
  2. Anzahlungen
  3. Außenstände
  4. Konzernforderungen
  5. Sonstige Aktiven
  6. Bankguthaben
  7. Wechsel und Schecks
  8. Kassenbestand
	I. *Eigenkapital*
	  1. Grundkapital
	  2. gesetzliche Reserven
	  3. freie versteuerte Reserven
	  4. unversteuerte Reserven
	II. *Fremdkapital*
	  1. Anleihen
	  2. Hypotheken und Grundschulden
	  3. Rückstellungen
	  4. Banken
	  5. Wechselschulden
	  6. Lieferantenschulden
	  7. Konzernschulden
	  8. Sonstige Schulden

7. Die Eigenbetriebsverordnung
(v. 21. 11. 1938 und für Nordrhein-Westfalen neu vom 22. 12. 1953)

Die *Formblätter* der Eigenbetriebsverordnung berücksichtigen die Besonderheiten der Versorgungsbetriebe der Gemeinden.

Es bestehen Pflichtgliederungen für:

Anlage 1: die Jahresbilanz für alle Eigenbetriebe
Anlage 2: Kopfspalten des Anlagenachweises
Anlage 3: Gliederung des Anlagenachweises der Versorgungsbetriebe
Anlage 4: Jahreserfolgsrechnung der Versorgungsbetriebe.

Das Formblatt für die *Jahresbilanz* schließt sich an die aktienrechtliche Gliederung an.

Im *Anlagenachweis* werden die Anschaffungswerte und die Abschreibungen getrennt nachgewiesen, so daß erkenntlich ist, mit welchem Prozentsatz des Anschaffungswertes die Anlagen noch zu Buch stehen.

Die *Erfolgsrechnung* bedient sich des Bruttoprinzips und ist nach Betriebszweigen (Gas, Wasser, Elektrizität) zu unterteilen.

Im Sinne der Klarheit und Übersicht sind die Gliederungsbestimmungen der Eigenbetriebsverordnung als *vorbildlich* hier besonders zu erwähnen.

Von einer Stellungnahme zu den *Formblättern* für

Gemeinnützige Wohnungsunternehmen
Bausparkassen
Kreditinstitute
Versicherungsunternehmen, sowie der
Verkehrsbetriebe

sehe ich hier ab.

8. Grundpläne für die Selbstkostenrechnung

Die Grundpläne für die *Selbstkostenrechnung* dürfen hier nicht unerwähnt bleiben, bilden sie doch das Primäre für jede wirtschaftliche Betriebsführung. Unbeschadet der Unterschiede in der Zielsetzung gehen Erfolgsrechnung und Selbstkostenrechnung einen langen Weg gemeinsam und unterscheiden sich im Ergebnis vornehmlich durch den Unterschied zwischen effektiven Abschreibungen und Zinsen und kalkulatorischen Kosten.

Der erste Grundplan der Selbstkostenrechnung erschien 1921 (VOMa). Mit dem Ziele der *Abrechnung der Rüstungsaufträge* folgten 1938 die Leitsätze für Selbstkosten (LSÖ) und 1953 die Verordnung 30/53 über die Preise bei öffentlichen Aufträgen.

Nach der Verordnung von 1953 setzt sich der *Selbstkostenpreis* zusammen aus:
A Stoffen
B Löhnen und Gehältern
C Instandhaltung
D Entwicklungskosten
E Fertigungsanlauf
F Steuern, Gebühren und Beiträgen
G Lizenzen und Patenten
H Miete, Büro-, Werbe- und Transportkosten
I Vertriebssonderkosten
K Kalkulatorischen Kosten
L Kalkulatorischem Gewinn

Die in den Leitsätzen von 1946 und in der LSÖ von 1938 angewandte Gliederung der Selbstkosten ist also verlassen worden. Sie sah vor:

                                            A Werkstoffe
                                            B Fertigungslöhne

B — Ca   Fertigungskosten   Ca Fertigungsgemeinkosten
A + B + Ca   Herstellkosten   Cb Verwaltungs- und Vertriebskosten
A + B + Ca + D   Selbstkosten   D Sonderkosten
A — E   Selbstkostenpreis   E Gewinnaufschlag

Gegenüber dieser kalkulatorischen Anordnung ist die Verordnung 30/53 in erster Linie auf die Kontrolle der Kostenpreise ausgerichtet.

9. Leitgedanken für einen allgemeinen Kontenrahmen

a) Der Vorschlag der UEC

Die Commission des Techniques Comptables hat ihre Arbeiten 1953 in Florenz auf die Geschäftsbuchhaltung beschränkt. Von der Anwendung des Dezimalsystems für die Numerierung hat sie abgesehen. Die UEC (Union Européene des Experts Comptables et Financiers) hat sich auf die Entwicklung von

Kontenkomplexen

beschränkt. Sie versteht darunter Sammelbegriffe von Konten. Ich lasse die Bezeichnungen hier in bilanzmäßiger Anordnung folgen:

Bilanz

Aktiva	Passiva
1 Zahlungsmittel	1 Zahlungsverbindlichkeiten
2 Anzahlungen auf Eingangslieferungen	2 Schulden aus Eingangslieferungen
3 Forderungen aus Ausgangslieferungen	3 Anzahlungen auf Ausgangslieferungen
4 Finanzanlagen	5 Finanzierungsschulden
6 Sachanlagen	8 Abgrenzposten
7a Handelsware	9 Rückstellungen
7c Erzeugnisse	10 Eigenkapital
8 Abgrenzposten	

Gewinn- und Verlustrechnung

Aufwand	Ertrag
11 Aufwendungen	12 Erträge
	13 Bestandsveränderungen

Die Reihenfolge der Komplexe für die Bilanzkonten ist somit ausländischem Vorbild entsprechend auf den Grad der Luiquidität abgestellt.

b) Vorschlag Dr. Carl Ernst Schulz, Düsseldorf

Als Anhang des Berichtes über die Fachtagung des Instituts der Wirtschaftsprüfer vom 27./28. Januar 1955 in Hannover veröffentlicht das Institut in Band 10 seiner Schriftenreihe einen Beitrag von Dr. Carl Ernst Schulz, Düsseldorf, zum Thema

Gliederungsgrundsätze für die Rechnungslegung.

Dr. Schulz bringt darin zunächst eine historische Darstellung der Bestrebungen zur Vereinheitlichung der Kontengliederung. Seine *allgemeinen Überlegungen* verdienen besondere *Beachtung*. Sie betreffen

1. die notwendige *Übereinstimmung der Gliederung von Abschluß und Kontenplan,*

2. die grundsätzliche *Trennung von Finanzbuchhaltung und Betriebsbuchhaltung* („Zweikontenkreissystem"),

3. die *Entwicklung des Abschlusses aus den Abschlußkonten* der Buchführung und nicht nur statistisch,

4. die Forderung des *Bruttoprinzips für die Erfolgsrechnung* mit der Genehmigung für die Veröffentlichung die Aufrechnung bestimmter Posten zu gestatten.

Seinen nachfolgenden Gedanken zu den *Gliederungsmöglichkeiten* für den Abschluß vermag ich terminologisch nicht zu folgen. Auch die Ablaufgliederung ist eine Zweckgliederung. Der Schmalenbachsche Kontenrahmen ist nicht vom Ablaufprinzip beherrscht (Geld, Lieferant, Ware, Kunde, Geld), sondern von der richtigen Erfassung des Betriebsaufwandes und der Verteilung auf die Kostenstellen. Im Hintergrund steht die Auswertung für dezentrale Verwaltung, Betriebskontrolle und Tantiemen der Abteilungsleiter (Prozeßgliederung). Auch aus den Komplexen der UEC ist kein Grundsatz der Ablaufgliederung zu erkennen.

Die Grundsätze des Deutschen Industrie- und Handelstages (DIHT) und des Bundesverbandes der Deutschen Industrie (BDI) sind wie die Bestimmungen des Aktienrechts orientiert nach *Gläubigerschutz* und *Liquidität*.

Die *Anordnung der Konten* in der Buchhaltung richtete sich vor Anwendung der Loseblattbuchführung primär nach der Häufigkeit der Geschäftsvorfälle, seit Einführung der losen Konten steht nichts im Wege die sogenannten *Sachkonten in der Bilanzfolge* anzuordnen und die Kontokorrente wie bisher alphabetisch.

Dr. Schulz bringt sodann 2 *praktische Beispiele* einer Bilanzierung, die als *mustergültig bezeichnet werden kann*. Beide Anordnungen weisen nur geringfügige Unterschiede auf. Ich lasse die obere Einteilung der Monatsbilanz der *Schieß AG, Düsseldorf*, hier folgen.

Aktiva	Passiva	Bewegungsbilanz
Sachanlagen	Eigenkapital	Geldbestand
Finanzanlagen	langfristige Schulden	Vorräte
Vorräte	Wertberichtigungen	kurzfristige Deckung
Anzahlungen	Rückstellungen	Sachanlagen
Kunden	Lieferanten	Eigen- und Fremdkapital
Finanzmittel	Anzahlungen	langfristige Deckung
Abgrenzung	Finanzschulden	Wertberichtigungen,
	Abgrenzung	Rückstellungen
	Gewinn	Abgrenzung

Es würde hier zu weit führen auf die weitere Unterteilung einzugehen. In der Finanzbewegungsrechnung ist bemerkenswert die Saldierung der Wertberichtigungen, der Rückstellungen und der Abgrenzungsposten.

Die neuerdings übliche *Aufgliederung* der Bewegungsrechnung nach *Herkunft* der Mittel und *Verwendung* bietet die gleichen Aufschlüsse in noch übersichtlicherer Form. Dr. Arnold Weber brachte sie am 29. April 1955 auf der Tagung der Schmalenbach-Gesellschaft in besonders anschaulicher Form zur Darstellung.

Die Bruttoerfolgsrechnung der beiden Unternehmungen unterscheidet sich im Wesentlichen dadurch, daß die Schieß AG die Bestandsveränderung der Fabrikate zum Ende der Aufwendungen verrechnet, während sie von der Niederrheinischen Hütte mit dem Ertrag verrechnet wird. Die Erfolgsrechnung der Schieß AG ist damit auf den *Umsatz* ausgerichtet und die der Niederrheinischen Hütte demgegenüber auf die *Produktion*. *Ich halte die Ausrichtung auf die Produktion für richtiger*.

Dr. Schulz zieht die Erkenntnisse aus seiner Darstellung zusammen in einem *eigenen Vorschlag* zu einem Abschlußschema. Ich lasse es hier in der oberen Einteilung und Numerierung folgen.

Bilanzschema

Aktiva	Passiva
I. Gegenposten zum Eigenkapital	I. Eigenkapital
II. Sachanlagen und immaterielle Werte	II. Rücklagen
III. Finanzanlagen	III. Langfristige Verbindlichkeiten
IV. Vorräte	IV. Wertberichtigungen
V. Beschaffungsforderungen	V. Rückstellungen
VI. Steuerforderungen	VI. Beschaffungsverbindlichkeiten
VII. Absatzforderungen aus Lieferungen	VII. Steuerverbindlichkeiten
VIII. Zahlungsmittel und kurzfristige Finanzforderungen	VIII. Absatzverbindlichkeiten
IX. Posten der Rechnungsabgrenzung	IX. Kurzfristige Verbindlichkeiten
X. Reinverlust	X. Posten der Rechnungsabgrenzung
	XI. Reingewinn

Aufwendungen	Erträge
1. Verbrauchsstoffe und Handelsware	1. Umsatzerlöse
2. Fremdleistungen	2. Eigene Leistungen für Neuanlagen
3. Personalaufwendungen	3. Sonstige Aktivierungen
4. Abschreibungen	4. Erträge aus Beteiligungen
5. Zinsen	5. Zinsen
6. Steuern	6. Miete und Pacht
7. Außerordentliche Aufwendungen	7. Außerordentliche Erträge
8. Zuweisungen, Rücklagen	8. Auflösung von Rücklagen
9. Sonstige Aufwendungen	9. Sonstige Erträge
10. Verminderung der Leistungsbestände	10. Vermehrung der Leistungsbestände
11. Jahresgewinn	11. Jahresverlust.

Für die obere Gliederung halte ich die Zahl von 10 bzw. 11 Posten für zu hoch.

An Stelle von Sach- und Finanzanlagen würde ich unterscheiden
Aktiva *Anlagen*
Wertpapiere und Beteiligungen
An Stelle von Beschaffungsforderungen würde ausreichen
Anzahlungen (an Lieferanten)
An Stelle von Absatzforderungen aus Lieferungen würde ausreichen
Kunden oder
Debitoren
Passiva An Stelle von Verbindlichkeiten genügte
Schulden oder
Kreditoren
An Stelle von Absatzverbindlichkeiten würde deutlicher sein
Anzahlungen (von Kunden).

Erfolgsrechnung
Für eine obere Gliederung der Bruttoerfolgsrechnung halte ich die *kalkulatorische Anordnung* der Leitsätze für die Preiskalkulation von 1946 für am besten. Die Unterteilung muß die zugestandene Zusammenziehung für die Veröffentlichung ermöglichen.

c) Vorschlag Dr. Rentrop, Köln

Wie bereits erwähnt, umschließen die *Ordnungsgrundsätze*

1 die *Auswahl*
2 die *Zahl*
3 die *Bezeichnung*
4 die *Reihenfolge*
5 die *Numerierung der Konten.*

Zu 1 und 2 Auswahl und Zahl
In einen Kontenrahmen gehören als ausweispflichtig nur solche Konten hinein, die in der *Mehrzahl der Bilanzen* auch vorkommen. Sonderfälle sind durch Zusatzbestimmungen zu regeln. Die Größenordnung im Rahmen der Bilanz ist stärker als bisher zu beachten.

Zu 3 Bezeichnung
Die Abkürzungen, wie sie zuletzt auf Seite 404 des WT-Jahrbuches von 1941 vorgeschlagen sind, sind den ausführlichen Angaben in § 131 und 132 des Aktivrechts vorzuziehen.

Zu 4 Reihenfolge
Entscheidend für die Güte des Planes ist die *Reihenfolge der Konten*. Schulz betont mit Recht, daß die Gliederung in der Bilanz und im Kontenplan die gleiche sein muß. Die „natürliche" Folge ergibt sich zwangsläufig aus der kaufmännischen Gewohnheit, Vermögen und Schulden zur Darstellung zu bringen und in der Gewinn- und Verlust-

rechnung die Herkunft der Kapitalveränderung zu entwickeln; daher die herkömmliche Gliederung in Aktiva, Passiva, Aufwand und Ertrag.

Die Bilanzkonten sind in Liquiditätsschichtung anzuordnen. Die englische Art der Anordnung halte ich für die bessere, sehe aber dennoch vorerst von ihrer Anwendung ab.

Zu 5 Numerierung

Die Numerierung ist von untergeordneter Bedeutung und nur deshalb erforderlich, um den *Kontenanruf* in der Buchhaltung zu *erleichtern.* Im Sinne der systematischen Einordnung neuer Konten hat sich das *Dezimalsystem* gut bewährt. Ich habe es deshalb beibehalten.

Zu meinem in der *Anlage* wiedergegebenen Vorschlag zu einem allgemeinen Abschlußschema ist abschließend folgendes zu sagen:

Mein Gegenvorschlag unterscheidet sich von dem Entwurf von Dr. Schulz insbesondere

1. durch die Anwendung von *Kurzbezeichnungen.*
2. durch die Reduzierung der *oberen Gliederung* auf *4 Gruppen* für die *Aktiva* und *3 Gruppen für die Passiva* mit dem Ziele der *Verbesserung der optischen summarischen Übersicht.*
3. durch die Ausgliederung aller Posten, die selten vorkommen und die durch *Zusatzbestimmungen von Fall zu Fall* erfaßt werden können.
4. Bei der Vereinfachung ist insbesondere an die große Zahl der *Mittel- und Kleinbetriebe* gedacht.
5. Den Begriff des *Umlaufvermögens* halte ich ebenso wie Dr. Schulz für unzweckmäßig und entbehrlich.

In der Anlage sind die *Zwischensummen* fett gedruckt, statt dessen wird mit einer Trennung in eine Vorspalte und eine Hauptspalte das Gleiche erreicht. Der Ausweis der Zwischensummen sollte aber zur Pflicht erklärt werden, damit dem Leser die Arbeit der Zusammenziehung abgenommen wird.

Mein Vorschlag für die Unterteilung der Erfolgsrechnung folgt primär der *kalkulatorischen Anordnung.* Bei der weiteren Unterteilung ist darauf zu achten, daß die Zusammenziehungen für die Veröffentlichung aus der Gliederung entnommen werden können. Beispielsweise sind bei Betriebskosten Verwaltungskosten und Vertriebskosten Konten für Löhne und Gehälter zu führen.

Die *weitere Aufteilung* wird weitgehend *individuellen Bedürfnissen* der Betriebsgröße und der *Branche* Rechnung tragen müssen.

Auf Grund dieser Überlegungen komme ich zu folgendem Vorschlag für eine allgemeine Gliederung der Bilanz:

Allgemeine Gliederung der Bilanz
(Vorschlag Dr. Rentrop)

Aktiva			Passiva		
I. *Anlagen*			I. *Eigenkapital*		
1. Geschäftsgebäude	4 692 000,—		1. Grundkapital	10 200 000,—	
2. Wohngebäude	634 000,—		2. gesetzliche Reserve	5 625 000,—	
3. Unbebaute Grundstücke	139 000,—		3. freie Reserven	2 150 000,—	
4. Maschinen	4 626 000,—			**17 975 000,—**	
5. Einrichtung	650 000,—		II. *Schulden*		
	10 741 000,—		1. gesicherte Schulden	—	
II. *Vorräte*			2. Lieferantenschulden	1 694 000,—	
1. Rohstoffe	4 898 000,—		3. Anzahlungen	51 000,—	
2. Halbfabrikate	4 617 000,—		4. Akzepte	2 469 000,—	
3. Fertigfabrikate	4 518 000,—		5. Bankschulden	1 100 000,—	
	14 033 000,—		6. Sonst. Schulden	1 635 000,—	
III. *Forderungen*			7. Rückstellungen	5 301 000,—	
1. Warendebitoren	4 660 000,—			**12 250 000,—**	
2. Anzahlungen	102 000,—		III. *Gewinn*	714 000,—	
3. Sonstige Forderungen	969 000,—			**714 000,—**	
	5 731 000,—				
IV. *Flüssige Mittel*					
1. Bankguthaben	169 000,—				
2. Postscheckguthaben	30 000,—				
3. Wechsel und Schecks	147 000,—				
4. Kassenbestand	88 000,—				
	434 000,—				
DM 30 939 000,—			**DM 30 939 000,—**		

Allgemeine Gliederung der Gewinn- und Verlustrechnung
(kalkulatorischer Aufbau)
Bruttoprinzip

Aufwand		Ertrag	
I. Rohstoffe	DM 18 000 000,—	I. Umsatz	DM 36 000 000,—
II. Löhne	6 000 000,—	II. + ./. Bestandsveränderung der Fabrikate	./. 1 446 000,—
III. Betriebskosten	3 000 000,—	III. Neutrale Erträge	160 000,—
IV. Verwaltungskosten	4 000 000,—		
V. Vertriebskosten	2 000 000,—		
VI. Sonderkosten	1 000 000,—		
Gewinn	714 000,—		
DM 34 714 000,—		**DM 34 714 000,—**	

Zusammenfassung der oberen Bilanzgliederung

Bilanz

Aktiva		Passiva	
I. Anlagen	DM 10 741 000,—	I. Eigenkapital	DM 17 975 000,—
II. Vorräte	14 033 000,—	II. Schulden	12 250 000,—
III. Forderungen	5 731 000,—	III. Gewinn	714 000,—
IV. Flüssige Mittel	434 000,—		
	DM 30 939 000,—		DM 30 939 000,—

Es wird dem Leser auffallen, daß dieser Vorschlag für einen *allgemeinen Kontenrahmen* mit den Vorschlägen für die Finanzbuchhaltung (S. 42) und für
die Aktienrechtsform (S. 51) nicht genau übereinstimmt.

Dies ist unter anderem auf die verschiedenen Entstehungszeiten zurückzuführen, und zwar

für den Entwurf des Kontenrahmens für die Finanzbuchhaltung 1950

für die allgemeinen Kontenrahmen 1955 und

für die Reform des Aktienrechts 1956.

Bei näherem Zusehen zeigt sich jedoch, daß die Unterschiede nur von untergeordneter Bedeutung sind.

IV. Buchhaltungsverfahren

Die mannigfaltigen Formen der doppelten Buchführung sind so oft beschrieben worden und so bekannt, daß ich eigentlich darauf verzichten könnte, auf diese Frage hier einzugehen; eine kritische Stellungnahme zu ihrer Entwicklung dürfte jedoch von Nutzen sein. Dabei sind zu unterscheiden:

1. die Übertragungsverfahren,
2. die Durchschreibeverfahren,
3. die Lochkartenverfahren.

1. Übertragungsverfahren

Man unterscheidet von jeher sogenannte *Grundbücher* und *Ordnungsbücher*. Die Grundbücher dienen der chronologischen Aufzeichnung der Geschäftsvorfälle, der Fixierung der Buchungsansätze, d. h. der Bestimmung, welche Konten angerufen sind. Dabei kommt es auf schnelle und pünktliche Erfassung an. Die systematische Aufteilung erfolgt anschließend durch *Übertragung* auf die Konten des Hauptbuches oder der Kontokorrentkonten. Die älteste Form dieser Art ist die *italienische Form* der doppelten Buchführung.

Mit wachsendem Geschäftsumfang kam es zu einer Aufspaltung der Grundbücher (französische Form). Die *deutsche* Form ist durch Zwischenschaltung eines Mensuals zwischen Journal (Grundbuch) und Hauptbuch gekennzeichnet. Die Tätigkeit des Führers dieses Mensuals bestand darin, am Ende des Monats alle Buchungen mit gleichem Buchungsansatz herauszuziehen und zusammenzufassen und auf diese Art und Weise das Hauptbuch zu entlasten. Für das Herausziehen bediente man sich häufig der sogenannten Vorkontierungsbogen. Schon früh bemühte man sich, Grund- und Ordnungsbuchung miteinander zu verbinden, und zwar zunächst in Gestalt synchronistischer Tabellenbücher, den bekannten *amerikanischen Journalen* und späterhin der Durchschreibeverfahren. Voraussetzung für die Verbreitung amerikanischer Journale war die Erfindung brauchbarer Liniermaschinen. In Deutschland baute die erste leistungsfähige Maschine dieser Art der Hofmechaniker F. G. Wagner in Berlin 1874. Das tabellarische Journal enthält im Kopf die jeweils am meisten vorkommenden Sachkonten; die Buchungen auf diesen Konten brauchen alsdann nur monatlich in das sogenannte tote Hauptbuch übertragen zu werden. In größeren Betrieben sind mannigfaltige Errechnungen in Form von *Spezialjournalen* für Einkauf und Verkauf mit Unterteilung nach Warengattungen und für den Geldverkehr mit Unterteilung nach Geldinstituten mühelos möglich. Einen Nachteil der Journale bildet die Breite, wodurch die Bücher unhandlich werden. Es hat sich vielfach bewährt, die Textspalte nicht auf die linke Seite zu legen, sondern in die Mitte. Alsdann ist eine Verwechslung in Soll- und Habeneintragungen nicht mehr möglich, weil alle Sollspalten links erscheinen und alle Habenspalten rechts. Da die Konten, die einen größeren Verkehr im Soll wie im Haben aufweisen, gewöhnlich zahlreicher sind, kann man die Textspalte auch auf der rechten Seite links unterbringen.

Seit dem Aufkommen der Durchschreibeverfahren, der Maschinenbuchhaltung und der modernen Rechenmaschinen kann die Anwendung amerikanischer Journale als überholt gelten. Es ist daher auch entbehrlich, auf die Technik noch näher einzugehen. Für kleinere Buchhaltungen bleiben die amerikanischen Journale jedoch praktisch.

2. Durchschreibeverfahren

Das Durchschreiben setzte brauchbares Kohlepapier voraus. Für Durchschreibebuchführungen ist es notwendig, daß sich die Farbe auf leichten Handdruck *nicht,* auf scharfen Federdruck aber *gut überträgt.*

Das Wesen aller Durchschreibeverfahren besteht darin, daß an die Stelle gebundener Journale und Hauptbücher lose Blätter und Konten treten. Bereits im 8. Jahrgang der Zeitschrift für handelswissenschaftliche Forschung hat Eugen Klaus 1914 die *Hinz-Buchführung* beschrieben. Als *Vorteile* gibt er unter anderem an:
1. die Vermeidung von Übertragungsfehlern,
2. die stete Tagfertigkeit der Konten,
3. die unbegrenzte Aufteilungsmöglichkeit,
4. die Erleichterung des Mahnverfahrens.

Diesen Vorteilen stehen als *Nachteile* gegenüber:
1. die Verlustmöglichkeit der Konten,
2. die Erleichterung von Falschbuchungen.

Bei der Hinz-Buchführung wurde von den Grundbüchern auf die Konten durchgeschrieben; infolgedessen machten die Konten meist einen unsauberen Eindruck.

Bei fast allen anderen Verfahren ist man dazu übergegangen, *von den Konten ins Journal durchzuschreiben.* Die Tinten- oder Kugelfüllerreinschrift steht alsdann auf den Konten. Statt Karton war es dann allerdings notwendig, ein festes Papier zu benutzen.

Es gibt etwa ca. *200 sogenannte Systeme,* die sich nur geringfügig unterscheiden; am System der doppelten Buchführung ändern sie nichts.

Am meisten im Gebrauch sind die sogenannten 3 Spaltenverfahren mit Journalspalte für Debitoren, Kreditoren und Sachkonten. Bei einer Reihe von Systemen ist das amerikanische Journal sehr geschickt mit dem Durchschreibeverfahren kombiniert, und durch Anwendung von Spezialjournalen für Debitoren, Kreditoren, Geldverkehr und Sachkonten lassen sich viele Durchschriften ersparen (Soennecken: Einschrift).

3. Maschinelle Buchungsverfahren

a) Rechnende Schreibmaschinen

Wie bereits gesagt, schließen die Durchschreibeverfahren Übertragungsfehler vom Journal zum Konto aus, nicht aber Rechenfehler jeder Art. Bei den maschinellen Buchungsverfahren werden die Rechenarbeiten weitgehend mechanisch erledigt.

Eine Darstellung der Maschinenbuchführungen würde über den Rahmen dieser Arbeit hinausgehen, und nur die unmittelbare Arbeit mit den Maschinen läßt die Brauchbarkeit erkennen.

Von den Veröffentlichungen sei hier die Schrift des Reichskuratoriums für Wirtschaftlichkeit Nr. 17 genannt: Richtlinien für die Auswahl und Anwendung von Buchungsmaschinen.

Die erste Schreibmaschine mit sichtbarer Schrift stammt aus dem Jahre 1890 und ist von Franz Xaver erfunden, der von Heimbach nach Amerika auswanderte. Seit 1896 gibt es Tabulatoren, die es erlauben, den Schlitten mit einem einzigen Druck auf die Betragsspalten des Schriftstücks zu rücken und *seit 1907, also seit 50 Jahren, Schreibmaschinen mit Zählwerken.* Diese ersten aufgesetzten Zählwerke addierten, schrieben aber nicht automatisch die Additionen. Seit 1912 baut man Maschinen mit Zählwerken für Queraddition und Quersubtraktion, sowie Maschinen mit breiten Schlitten. Schwierigkeiten bereitete es im Anfang, die Kontokarte rasch auf die vorgesehene Journalzeile zu bringen. Die sogenannten Vorsteckverfahren haben sich aber von Jahr zu Jahr verbessert. Im allgemeinen werden Walzenmaschinen verwendet, als flachschreibende Maschine sei die Elliot-Fisher-Maschine erwähnt.

Zur Frage der Anwendung von Buchungsmaschinen schreibt WP Vogt in seiner Darstellung „Hintertüren der Buchführung" Haufe-Verlag 1956: „Der Übergang zur Maschine bedeutet nicht in allen Fällen eine Patentlösung. Ob eine Maschinenbuchhaltung wirklich wirtschaftlich ist, sollte man erst genau prüfen und sich dabei nicht allzu leichtgläubig auf das verlassen, was der herbeigerufene Vertreter des Verkäufers sagt. Dieser will verkaufen. Das kann ihm niemand verdenken. Der Verkäufer einer Buchungsmaschine ist an der Rationalisierung des Betriebes nur indirekt interessiert. In erster Linie ist er Interessent an der Gestaltung seines eigenen Umsatzes. Es ist erstaunlich, daß Kaufleute, die sich sonst bei der Kalkulation mit dem letzten Pfennig abquälen, plötzlich ohne gründliche Prüfung zu großen Ausgaben schreiten, ohne sorgfältig zu überlegen, oder durch Sachverständige prüfen zu lassen, ob die Ausgabe wirklich der besonderen Lage des Betriebes entspricht. Wir haben ähnliche Fälle bei der Ausnutzung von Steuervergünstigungen gehabt. Büromaschinen sind angepriesen worden, weil sie als geringwertige Anlagegüter voll abgeschrieben werden können. Das ist aber kein kaufmännisches Argument. Man sollte sie nur anschaffen, wenn sie den Betrieb wirtschaftlicher gestalten."

b) Schreibende Rechenmaschinen und rechnende Schreibmaschinen

Die ältere Art der Rechenmaschine rechnete lediglich, ohne zu schreiben. Eine der ältesten schreibenden ist die Burrough Additionsmaschine. Burrough begann 1892 mit der Großfabrikation. Er starb, von geschäftlichen Sorgen erdrückt, 1898. Die Fabrikation wurde 1904 von der Burrough Addiry Maschine Co in Detroit fortgesetzt. Auf die Leistungen der Burrough Additionsmaschine mit Tippstreifen war das holländische *Maboverfahren* abgestellt. An die Stelle von Kontokorrenten treten Abstellregister, in welche beispielsweise die Kopien der ausgehenden Rechnungen eingestellt werden, und die bezahlten Beträge werden ausgestellt. Die Abstellregister enthalten auf diese Art und Weise jeweils die vollen Außenstände und Kreditoren. Die Hauptbuchkonten werden in einem Cyklus von 3 bis 6 Tagen mit jeweiligen Belegnummern auf Tippstreifen erfaßt; aus diesen entsteht alsdann die Rohbilanz. Als Grundsatz gilt, keine Buchung ohne numerierten Beleg. Das Verfahren setzt *jeder Art der Nachprüfung infolge der Textlosigkeit erheblichen Widerstand entgegen*. Es kann überdies bezweifelt werden, ob es dem Gutachten der Berliner Handelskammer über die Anwendung von Durchschreibeverfahren noch entspricht.

Bei den Additionsmaschinen unterscheidet man Maschinen mit Volltastatur und sogenannte Zehntastenmaschinen. Im Laufe der Zeit haben die Zehntastenmaschinen die Volltastaturmaschinen mehr und mehr verdrängt. Der große Vorteil dieser Additionsmaschinen besteht darin, daß Zahlen und Addition festgehalten werden und auch die Richtigkeit der Aufnahmen nachkontrolliert werden können. Der Nachteil liegt in der Textlosigkeit, die auch durch Symbole nicht ausreichend zu ersetzen ist.

Für die Zwecke der Buchhaltung sind daher die *rechnenden Schreibmaschinen zu bevorzugen*, die im Laufe der Zeit mit horizontalen wie vertikalen Zählwerken zu großer Vollkommenheit ausgebildet wurden und sogar mit 4 Speziesmaschinen für Fakturierung automatisch gekoppelt werden können.

c) Kontrollkassen und Registriermaschinen

Für die Sammlung und Addition gleichartiger Massenbuchungen haben sich die Registrierkassen, angefangen mit den einfachen Ladenkassen bis zu den komplizierten Maschinen mit vollautomatischer Saldierung, sehr bewährt. Die Kontrollkasse addiert die Beträge auf Tippstreifen und registriert sie gleichzeitig auf den Belegen, den Bons. Die Registrierkassen sind insbesondere bei den Sparkassen in Anwendung, sie stellen erweiterte Kontrollkassen dar. Die Mehrzahl der Maschinen ist auch zum Subtrahieren und damit zum Saldieren geeignet.

d) Lochkartenverfahren und elektronische Automation

Die Anwendung von Lochkarten setzt eine große Zahl gleichartiger Massenbuchungen und die Notwendigkeit mehr als zweifacher statistischer Auswertung voraus. In Anwendung sind vorwiegend 2 Verfahren, das

Hollerith-Verfahren und das
Remington-Rand-Verfahren.

Während sich Hollerith der elektromagnetischen Steuerung bedient, erfolgt die Steuerung beim Remington-Verfahren mechanisch.

Das Hollerith-Verfahren ist bereits 1880 von dem Amerikaner Hollerith erfunden und wurde zuerst 1910 in Deutschland von der Hagener Akkumulatorenfabrik eingeführt.

Die übliche Lochkarte hat ein Format von 18,5 x 8 cm, sie enthält in der Regel 45 Stellen, kann aber für besondere Zwecke auf 90 Stellen gebracht werden.

Für die Anwendung des Lochkartenverfahrens werden im wesentlichen 3 Maschinen gebraucht:
1. der Lochapparat und der Kontrollocher,
2. die Sortiermaschine und
3. die Tabelliermaschine.

Eine nähere Beschreibung der Lochkartenverfahren würde über den Rahmen dieser Arbeit erheblich hinausgehen.

Der „dernier cri" auf dem Gebiet des Rechnungswesens stellt die Automation des Büros mit Hilfe von *elektronischen Rechenanlagen* dar.

Es liegen darüber 2 Darstellungen neuesten Datums vor:

F. Martin: Unternehmensführung und Automation,
Mnemoton Verlag GmbH, Köln-Klettenberg, 1957, und

Max Mroß: Automation der Büro- und Verwaltungsarbeit,
Albis Verlag GmbH, Hamburg, 1956.

Ich beschränke mich hier auf einige Überlegungen zur Frage der Wirtschaftlichkeit der Anwendung elektronischer Rechenanlagen.

Über die Leistungsfähigkeit der gängigen Elektronen-Rechenautomaten machte Mroß (S. 27) unter anderem folgende Angaben:

Fabrikat	Type	Karten-Leistung stündlich	Additions-Leistung pro Sekunde
Bull Exacta Büromasch. GmbH, Köln	Gamma 3	9 000	965
IBM (Internationale Büro Maschinen GmbH) Stuttgart-Sindelfingen	705	15 000	8 400
Remington Rand, Frankfurt a/M.	CT	18 000	11 000

Bei einem Rechnungseingang von 1800 Rechnungen täglich und elektronischer Nachrechnung ist somit ein Elektronen-Multiplizierer Remington Rond nur mit ca. 10 % ausgenutzt. *Die technischen Geschwindigkeiten liegen für die Mehrzahl weit über den wirtschaftlichen Notwendigkeiten.*

Wenn ein Erfinder seine Erfindung zu einem wirtschaftlichen Erfolg auswerten will, so sollte er — er tut das leider meist nicht — *vor Aufnahme der Fabrikation* Berechnungen über den Bedarf des Marktes, die Absatzmöglichkeiten und die Finanzierungskosten anstellen.

Wenn man sich nur schon darüber im klaren ist, daß die Anwendung nur bei einem sehr großen Umfang gleichartiger Ziffern und der Notwendigkeit vielfältiger Auswertung sinnvoll ist, so liegt es nahe, zu Beginn zu fragen, wo diese Voraussetzungen vorliegen, d. h. wie groß die Zahl der in Betracht kommenden großen Betriebe überhaupt ist.

Nach der letzten Gewerbezählung vom 13. 9. 1950 belief sich die Zahl der nicht landwirtschaftlichen Arbeitsstätten in der Bundesrepublik (ohne Post, Bahn, Wasserstraßen, Häfen, öffentliche Verwaltung, Sozialversicherung, Gesundheitswesen) auf

rd. 2 229 000 mit 13 394 000 Beschäftigten

(die Zahl der Betriebe ist so groß, weil sie auch die Handwerks- und Einmannbetriebe umschließt).

Demgegenüber beträgt die Zahl der Betriebe mit *mehr als 500 Beschäftigten* nur
1 768 mit 2 356 000 Beschäftigten.

Im Durchschnitt sind also in diesen Betrieben rd. 1 400 Beschäftigte.

Diese Berechnung zeigt beerits, daß die Automation nur für einen ringen Bruchteil von Betrieben von Bedeutung sein kann.

1953 untersuchte ein Werksunternehmer die Absatzaussichten für elektronische Rechenstanzer in Deutschland und kam für das *ganze Bundesgebiet zu einem möglichen Bedarf von einem Dutzend solcher Maschinen;* ein Jahr später seien bereits 60 Maschinen in Auftrag gegeben. Damit ist zwar über die Größenordnungen für die Anwendbarkeit einiges gesagt, nicht aber über die wirtschaftliche Arbeitsweise dieser Maschinen. Wenn F. Martin auf S. 27 sagt, daß bereits einem Industrieunternehmen von mehr als 3 000 Beschäftigten die Automation im Büro soviel günstige Ansatzpunkte biete, daß sich eine Elektroneneinheit mit Erfolg einsetzen lasse, so erscheint mir dies sehr zweifelhaft.

Die Wirtschaftlichkeit kann allerdings nicht allein aus der Vollausnutzung der Maschinen beurteilt werden, sie kann vielmehr auf ganz anderem Gebiet liegen, so beispielsweise auf der Beschleunigung des Geschäftsablaufes.

Wenn M. Mroß glaubt, die Nutzenschwelle für die Anwendung der kleinen Elektronengeräte sei bereits erreicht, wenn die zu übernehmenden Arbeiten im manuellen Büro etwa 25 Arbeitskräfte binden, so halte ich das nicht für wahrscheinlich.

Die Anwendung setzte eine straffe Zentralisation des Rechnungswesens voraus, wie sie nicht immer möglich ist. Die doppelte Buchführung beschränkte sich auf das Addieren und Subtrahieren, es ist nichts zu multiplizieren, nichts zu dividieren und erst recht sind keine mathematischen Formeln erforderlich. Demgegenüber sind die Elektronenrechner auf die mechanische Durchführung komplizierter Rechenoperationen abgestellt. Der Unterschied zwischen den bisherigen Lochkartenanlagen und den Elektronenanlagen besteht vorwiegend in der Beschleunigung der Rechenoperationen. Selbstverständlich kann auch ein Elektronenrechner nicht den mengenmäßigen Wareneingang kontrollieren, sondern nur die rechnerische Richtigkeit der Fakturen.

Martin gibt die *Kosten* der *monatlichen* Miete für Elektroneneinheiten mit DM 20 000,— bis DM 150 000,— an und den Kaufpreis mit 1 bis 2 Millionen DM.

Das Elektronenhirn, wie es gern genannt wird, ist in der Erledigung von Rechenoperationen dem menschlichen Hirn weit überlegen, aber nur dann, wenn die Operation von Menschen vorher programmiert ist.

Es wäre utopisch zu glauben, daß der Elektronenrechner die Arbeitsplätze der großen Zahl der Schreibkräfte irgendwie gefährdet.

Die Leistungen der Elektronenrechner sind außerordentlich eindrucksvoll. Vor Einführung sollte man nicht nur sorgfältig programmieren, sondern sich insbesondere bereits in Betrieb befindliche Anlagen ansehen und deren Wirtschaftlichkeit sorgfältig nachprüfen. Die Wirtschaftlichkeit kann nicht durch Gegenüberstellung von Geschwindigkeiten allein erfolgen, sondern in erster Linie durch *Gegenüberstellung der Gesamtkosten des Rechnungswesens einschließlich der Registratur.* Wenn ich hier die Registratur besonders erwähne, so deshalb, weil das Ausmaß an Vorbereitungs- und Ablagearbeiten gegenüber gewöhnlichen manuellen oder maschinellen Durchschreibeverfahren vielfach nicht genügend veranschlagt wird.

4. Abschlußtechnik

Es fällt auf, daß das Thema der Abschlußtechnik in Lehrbüchern und Betriebsbeschreibungen meist überhaupt nicht einmal angeschnitten ist. *Wenn man sich fragt, worauf dieser Mangel zurückzuführen ist,* so dürfte dies zweifellos daran liegen, daß die Abschlußtechnik im Zusammenhang mit den Ergebniszahlen als eine Geheimwissenschaft angesehen wird, die nur dem Chef und der Finanzleitung zugänglich ist. Diese Geheimniskrämerei hat dazu geführt, daß sich im Verborgenen eine große Anzahl verschiedenartiger Abschlußverfahren entwickelt hat, insbesondere bei der gegenwärtigen Mannigfaltigkeit der Buchhaltungssysteme. Neben wenigen vorbildlichen Abschlußverfahren befinden sich viele, die mehr oder weniger große Mängel aufweisen.

Es wäre für die Finanzleiter von großem Wert, einmal etwas Konkretes über die Abschlußtechnik bei anderen Firmen und in anderen Branchen zu erfahren und die Zweckmäßigkeit der eigenen Abschlußtechnik zu überprüfen.

Ich habe daher mit Hilfe der Mitarbeiter unserer Treuhandgesellschaft eine Reihe von Fragen beantworten lassen, die sich mit dem Buchhaltungsverfahren und der Abschlußtechnik befassen. Die Auswertung der Fragebogen führte zu folgenden Ergebnissen:

Branche	Buchhaltungsverfahren
1 Gemischtes Handelsunternehmen	Einspaltendurchschreibeverfahren Mercedes „Adelektra"
2 Bergwerksgesellschaft	„Definitiv" Kontrollbuchhaltung mit 4 Journalen

Branche	Buchhaltungsverfahren
3 Stahlbau und Maschinenfabrik	Handdurchschreibeverfahren
4 Dampfkesselbau	Finanzbuchhaltung: Volltextbuchungsmaschine; Geheimbuchhaltung: Handdurchschreibeverfahren
5 Großhandel mit Chemikalien	„Definitiv" Kontrollbuchhaltung
6 Putzmittelfabrikation	Buchhaltungsautomaten
7 Großhandel mit Kohlen und Keramik	„Definitiv" Kontrollbuchhaltung
8 Farben-Industrie	Maschinenbuchführung ohne Zählwerk
9 Braunkohlenindustrie	Handdurchschreibeverfahren (1 Spalte)
10 Kohlen-Groß- und Einzelhandel	„Definitiv" 4 Spalten-System
11 Bimsbaustoffherstellung	Maschinenbuchführung EKAHA
12 Chemische Fabrik	Handdurchschreibeverfahren
13 Lederwaren-Einzelhandel	dito (3 Spalten)
14 Chemische Fabrik	Handdurchschreibeverfahren (3 Sp.)
15 Spinnerei	Handdurchschreibeverfahren (3 Sp.)
16 Sachversicherung	Maschinenbuchhaltung „Kienzle"
17 Papierwaren-Großhandel	„Ruf" Maschinenbuchhaltung
18 Textilwarenhandel	Handdurchschreibeverfahren (3 Sp.)
19 Modegroßhandel	„Fortschritt" Durchschreibeverfahren
20 Landmaschinenhandel	„Definitiv" Durchschreibeverfahren
21 Eisengießerei	„Effect" Handdurchschreibeverfahren
22 Versorgungsbetrieb	„Taylorix" Durchschreibeverfahren
23 Versicherungsunternehmen	„National" Maschinen-Durchschreibeverfahren
24 Baumwollspinnerei	„Definitiv" Durchschreibeverfahren
25 Versicherungsunternehmen	„National" Maschinen-Durchschreibeverfahren
26 Seidengroßhandel	„Fortschritt" Durchschreibeverfahren
27 Färberei	„Taylorix" Durchschreibeverfahren
28 Kunstdruckerei	„Effect" Durchschreibeverfahren
29 Holzbearbeitungsmaschinen	„Effect" Durchschreibeverfahren
30 Maschinenfabrik	„Taylorix" Durchschreibeverfahren
31 Fittings- u. Flanschenfabrik	„Taylorix" Durchschreibeverfahren

Von den herangezogenen 31 Firmen bedienen sich danach

23 des Handdurchschreibeverfahrens,

8 des maschinellen Buchungsverfahrens.

Die gebundenen Bücher und amerikanischen Journale sind somit von den neuzeitlichen Buchungsverfahren vollkommen verdrängt worden.

Die Mehrzahl der Durchschreibeverfahren bedient sich heute des sogenannten 3-Spaltenverfahrens, bei dem je eine Spalte für die Sachkonten, die Debitoren und die Kreditoren vorgesehen ist. Damit ist das Fehlerfeld 6fach unterteilt (3 Soll- und 3 Habenspalten).

Wie entsteht nun die Rohbilanz, nachdem das Journal lediglich noch eine Kontrollfunktion besitzt. Es sind hier 2 Verfahren in Gebrauch. Entweder man bedient sich eines Tabellenabschlußbuches nach Art des amerikanischen Journals, oder man schreibt die Monatsbilanz nach Art der Hauptabschlußübersicht fort.

Beispiel: **Tabellenhauptbuch für Sachkonten**

Jahr 1956 Monat	Kasse		Postscheck		Bank usw.	
	Soll	Haben	Soll	Haben	Soll	Haben
Vortrag	475		10 836		10 197	
Januar	6 449	6 472	23 483	13 954	28 599	10 164
	6 924	6 472	34 319	13 954	38 796	10 164
Februar	10 908	8 986	8 754	16 021	8 265	9 119
	17 832	15 458	43 073	29 975	47 061	19 283
März	7 102	8 242	9 534	13 303	17 283	11 595
	24 934	23 700	52 607	43 278	64 344	30 878
usw.						
Rohbilanz Bilanz Ergebnis						

Der Vorteil dieser vertikalen Anordnung besteht darin, daß für Monatsabschlüsse und Abstimmungen die aufgelaufenen Umsatzziffern automatisch anfallen und daß nur vertikal addiert zu werden braucht.

Demgegenüber wird die Rohbilanz in der bekannten Hauptabschlußübersicht in horizontaler Form fortgeschrieben.

Die Summenzugänge müssen mit den Umsätzen der 3 Journalspalten beim Dreispaltenverfahren der Durchschreibebuchführung übereinstimmen. Tun sie es nicht, so liegen Additionsfehler vor, oder es sind nicht alle Konten erfaßt, oder es sind Buchungen von Konto zu Konto ohne

Journal oder umgekehrt im Journal ohne Heranziehung des Kontos vorgenommen worden.

Zweckmäßig ist aus Gründen der Teilung des Fehlerfeldes die monatliche Fortschreibung.

Die Entwicklung in Gestalt der Hauptabschlußübersicht wird bekanntlich auch als Anlage zur Einkommensteuererklärung angefordert, allerdings wohl nur in seltenen Fällen mit abgegeben. Bei den herangezogenen Firmen wurde in 20 Fällen eine Hauptabschlußübersicht aufgestellt und in 11 Fällen nicht.

Stimmt die Rohbilanz, so halte ich es für richtig, als ersten Entwurf daraus eine Bilanz in üblicher Form aufzustellen. Die übliche Form ergibt ein besseres optisches Bild für die Bereinigung.

Zur *Bereinigung* zählen u. a. folgende Arbeiten:
1. Die Übernahme von abgerechneten Konten auf die Anlagekonten,
2. die Berechnung der Abschreibungen,
3. die Prüfung der Bewertung von Wertpapieren und Beteiligungen,
4. die Bewertung der Warenbestände,
5. die Berechnung zweifelhafter Forderungen,
6. die Berechnung der Rückstellungen,
7. die Vornahme von Zuweisungen an Versorgungseinrichtungen.

Die *Nachtragsbuchungen* werden zweckmäßigerweise zunächst konzeptmäßig gesammelt und alsdann auf Buchungsanweisungen festgelegt; sie sind ordnungsgemäß zu verbuchen, und es ist nicht vertretbar, sie lediglich in der Hauptabschlußübersicht zu erfassen.

Erst nach Vornahme der Nachtragsbuchungen dürfen die Konten und das Tabellenhauptbuch abgeschlossen werden. Es ergibt sich alsdann der zweite Bilanzentwurf zur Vorlage an die Geschäftsleitung. Je nach Lage ergeben sich von Fall zu Fall weitere Entwürfe, bis die Bilanz endgültig steht, wie man zu sagen pflegt.

Von den herangezogenen 31 Firmen besaßen nur 5 ein gebundenes Hauptbuch, während in 26 Fällen der Abschluß in der Form der Hauptabschlußübersicht oder in anderen Formen entwickelt wird.

In 10 Fällen wurde eine Geheimbuchhaltung angetroffen, und zwar entweder als Bilanzbuchhaltung, mit der die Finanzbuchhaltung durch ein Verbindungskonto verbunden war, oder in Gestalt eines Separatkontos im Kontokorrent für einzelne Konten, deren Aufteilung als Geheimbuchhaltung bezeichnet wird. Mit der ersteren Methode wird erreicht, daß die Fortschreibung der Anlagewerte, die Höhe des Inventurbestandes, die Höhe der Rückstellungen sowie die Ergebnisse gegenüber der Finanzbuchhaltung geheimgehalten werden. Die letztere Methode dient lediglich dazu, die Konten der Geschäftsleitung außerhalb der Finanzbuchhaltung zu führen.

Ein gebundenes Bilanzbuch wurde bei 9 Firmen geführt, während 22 Firmen glaubten, ohne ein Bilanzbuch auskommen zu können. In § 40 HBG heißt es dazu:

„Inventur und Bilanz können in ein dazu bestimmtes Buch eingeschrieben werden oder jedesmal besonders aufgestellt werden."

In 17 Fällen war eine Betriebsbuchhaltung oder eine Betriebsstatistik vorhanden; des *Betriebsabrechnungsbogens* bedienten sich nur 8 von 31 Firmen. Dies mag aber daran liegen, daß nur ein Teil der Firmen der Industrie angehört, für welche der Betriebsabrechnungsbogen entwickelt wurde.

In 12 Fällen von 31 waren die Bilanzen nicht unterschrieben. In § 41 HGB heißt es dazu: „Das Inventar und die Bilanz sind von dem Kaufmann zu unterzeichnen. Sind mehrere persönlich haftende Gesellschafter vorhanden, so haben alle zu unterzeichnen."

Tabellenhauptbuch und gebundene Bilanzbücher haben den Vorteil, daß sie sich über eine Reihe von Jahren erstrecken und die Abschlußziffern in ihrer Dauerbedeutung von den täglichen Buchungen abheben.

Als Nachteil ist anzusehen, daß infolge von Änderungen durch spätere Betriebsprüfungen meist nichts anderes übrigbleibt, als mit neuen Büchern zu beginnen.

Die Bilanz soll mit den Geschäftsbüchern übereinstimmen. Schwierigkeiten ergeben sich vielfach, weil die Kontenpläne nicht auf die Bilanz ausgerichtet sind. Es bleibt eine offene Frage, ob es genügt, die aktienrechtliche Gliederung der Gewinn- und Verlustrechnung lediglich statistisch durchzuführen, oder ob die Konten selbst durch entsprechende Umbuchungen auf die Gliederung nach § 132 des Aktiengesetzes gebracht werden müssen.

Es hat sich bewährt, die Bilanz nebst Unterlagen, Saldenlisten und Erläuterungen Jahr für Jahr in einem Schnellhefter oder Ordner zu registrieren.

Noch ein Wort zum Thema der Tagfertigkeit der betrieblichen Berichterstattung (s. Gold, Braunschweig, „Der Betrieb" Nr. 34 vom 24. 8. 1949 S. 398) durch Kombination von Abstimmungs- und Übersichtsarbeiten.

Die Organisation der Buchführung geht in der Praxis in der Regel den Weg, zunächst den Zahlenstoff durch zweckmäßige *Fehlerfeldteilung* und ausreichende *Abstimmungen* zu bändigen und *anschließend* die für die kurzfristige Berichterstattung erforderlichen *Übersichten* in einem *zweiten besonderen Arbeitsgang* zu gewinnen. Darüber vergeht viel kostspielige Zeit und *eine große Zahl der kurzfristigen Übersichten ist bei Fertigstellung bereits überholt und wertlos.* Stattdessen sollte jeder Kontenplan und jede Abschlußtechnik darauf ausgerichtet sein, mit der Fehlerfeldteilung und mit der Abstimmung *ohne besonderen Arbeitsgang diejenigen Übersichten zu gewinnen, welche zur Disposition und Planung unentbehrlich sind.* Dazu gehört im Sinne der *richtigen Erkenntnis der Größenordnungen* die *Konzentration des Buchungsstoffes in 10 Kontenklassen von relativ gleichwichtigem Erkenntniswert.* Dazu gehört das Wissen, daß man Abstimmungen in der doppelten Buchführung abstellen kann auf *monatliche Umsatzziffern, aufgelaufene Umsatzziffern und Salden,* und daß beispielsweise aus dem Bereich der Kontokorrente in der Regel nur die *Salden* interessieren, von den erfolgswirksamen Konten dagegen nur die *monatlichen Umsätze,* während die zu Abstimmungszwecken vielfach ermittelten *aufgelaufenen Umsatzziffern* für die Orientierung der Geschäftsleitung *ohne jedes Interesse* sind.

V. Die Entwicklung der kaufmännischen Buchführung aus der Kameralistik

Auf S. 53 der dynamischen Bilanz (3. Auflage 1925) sagt Schmalenbach, die kaufmännische Rechnung habe mehr durch Zufall als durch Überlegung neben der Einnahmen- und Ausgabenrechnung die Aufwand- und Ertragsrechnung eingeführt. Ich glaube nicht, daß man hier von Zufall reden kann. Die ältere Kameralistik und auch noch die neuere gehobene Verwaltungsbuchführung mit Resteerfassung ist eine reine Geldrechnung, ihr Ziel die Fortschreibung der Geldbestände. Demgegenüber ist die kaufmännische Rechnung von jeher auch bereits vor Anwendung der doppelten Buchführung auf die Kontrolle der Verpflichtungen und die Ermittlung des Reinvermögens ausgegangen. Die Kameralistik vernachlässigt zwar die Wertungsrechnung in Gestalt der Sach- und Bestandsregister nicht vollständig, aber sie verzichtet darauf, sie mit der Geldrechnung zu kombinieren. In Gestalt der landwirtschaftlichen Buchführung hat sich die Kameralistik weitgehend zur kaufmännischen Methode fortentwickelt.

Die Kameralistik hat schon früh erkannt, daß eine reine Einnahmen- und Ausgabenrechnung als Methode zur Ermittlung der Wirtschaftlichkeit ungeeignet ist. Schmalenbach schreibt auf S. 15 der dynamischen Bilanz, der gründlichste Versuch, die doppelte Buchführung in die Staatsrechnung einzuführen, sei in Österreich gemacht worden. Man besetzte 1717 die Staatsbuchhaltereien mit Bankbuchhaltern und buchte nun ganz nach den Regeln der doppelten Buchhaltung mit Soll und Haben.

Erst neuerdings bedienen sich die werbenden Anlagen der Städte in Gestalt der Gas-, Wasser- und Elektrizitätswerke, sowie der Bahnen ganz allgemein der doppelten Buchführung.

Die Kameralistik trägt aber noch einen anderen Zug, der im kaufmännischen Rechnungswesen weitgehend fehlte und erst neuerdings seinen Einzug hält, d. h. die Anlehnung an *den Etat, den Haushaltplan.* Dort in der westlichen Welt, wo man Plan und Planerfüllung politisch zu diffamieren versucht, geht man bekanntlich in Großbetrieben immer mehr dazu über, künftige Bilanzen und Erfolgsrechnungen zu planen und aus dem Vergleich zwischen Plan und Planerfüllung Nutzen zu ziehen!

Wenn sich Kameralisten und Kaufleute hinsichtlich der Rechnungslegung häufig fremd gegenüberstehen, so deshalb, weil der eine die Sprache des anderen nicht versteht. Der eine spricht von Resten, der andere von Debitoren und Kreditoren, der Kaufmann versteht unter „Soll" die linke Seite des Kontos, der Kameralist den Etat gegenüber dem „Ist".

Die Zusammenhänge zwischen Kameralistik und kaufmännischer Buchführung sind nur von wenigen voll erkannt und in der Literatur wohl nur von Schmalenbach in der dynamischen Bilanz geschlossen dargestellt worden.

Dabei handelt es sich hier keineswegs um graue Theorie, sondern um praktische Kenntnisse, die mir selber wiederholt von großem Nutzen waren, so bei der Umstellung der preußischen Staatsbetriebe 1924 von kameralistischer auf kaufmännische Buchführung und bei der Einführung des preußischen Gemeindefinanzgesetzes vom 15. Dezember 1933 mit der Notwendigkeit, für die Versorgungsbetriebe jährliche Vermögensrechnungen zu erstellen.

Es heißt dort: „Unternehmungen, in denen die Buchungen nicht nach den Grundsätzen der doppelten Buchführung erfolgen, müssen ihre Rechnung durch eine *Vermögensrechnung* ergänzen, welche die Veränderung des Vermögens im letzten Rechnungsjahr nachweist. Bei der Aufstellung der Vermögensrechnung und bei der Bewertung des Vermögens sollen die Vorschriften der §§ 38 bis 41 HBG sinngemäß angewendet werden."

Es ist danach nicht nur eine Vermögensrechnung aufzustellen, sondern auch die Veränderungen des Vermögens sind nachzuweisen.

Was unter dem Nachweis der Veränderungen des Vermögens zu verstehen ist und in welcher Form dieser Nachweis zu führen ist, sagt das Gemeindefinanzgesetz selbst nicht.

Mit Hilfe der Vermögensrechnung wird die Trennung der Einnahmen und Ausgaben in Aufwand und Ertrag einerseits und Aktiven und Passiven andererseits vollzogen.

Während die einfache Verwaltungsbuchführung nur die Ausgaben und Einnahmen *im Geschäftsjahr* erfaßt, ohne Rücksicht auf die Erfolgsrechnung, schält die kaufmännische doppelte Buchführung (und ebenso die gehobene Verwaltungsbuchführung nach österreichisch-süddeutschem Muster) die Ausgaben und Einnahmen *für das Rechnungsjahr* heraus. Im Gegensatz zu den Einnahmen und Ausgaben *im*

76 Entwicklung der kaufmännischen Buchführung aus der Kameralistik

Geschäftsjahr bezeichnet man diese Einnahmen und Ausgaben *für* das Geschäftsjahr als Aufwand und Ertrag. Die nicht für das Geschäftsjahr geleisteten Einnahmen und Ausgaben erscheinen dagegen als Vorleistungen (Aktiva) und Nachleistungen (Passiva) in der Bilanz.

Sind beispielsweise für 5 000,— DM Kohlen eingekauft worden, jedoch nur für 4 000,— DM Kohlen verbraucht worden, so

beträgt der Aktivbestand der Bilanz   1 000,—
der Aufwand *für* das Geschäftsjahr   4 000,—
die Ausgabe *im* Geschäftsjahr   5 000,—.

Es würde hier zu weit gehen, die Zusammenhänge zwischen Einnahmen und Ausgaben einerseits und Ertrag und Aufwand anderseits vollständig darzulegen. Ich verweise dazu auf die systematische Bearbeitung dieser Zusammenhänge in der dynamischen Bilanz von Schmalenbach (s. auch S. 12 und 13).

Eine Vermögensrechnung läßt sich bei Kenntnis der Zusammenhänge relativ leicht aus der kameralistischen Haushaltrechnung aufstellen, wie das nachfolgende *Beispiel* zeigt:

Ich gehe dabei von der Haushaltrechnung des Elektrizitätsverteilungsbetriebes einer kleinen Gemeinde aus. Das für die Haushaltrechnung verwendete Muster entspricht der Anlage A der 2. Ausführungsanweisung vom 27. Juni 1934 zum preußischen Gemeindefinanzgesetz.

Haushaltsrechnung 1957

| Einnahmen | Einnahme Soll | | Zugang (Mehreinnahmen) | Abgang (Ausfälle) | Wirkliches Soll | Ist nach den Kassenbüchern | Verbliebene Reste |
	nach dem Haushaltplan	Reste aus dem Vorjahr					
1	2	3	4	5	6	7	8
1. Kassenbestand		13 000			13 000	13 000	
2. Lichtstromabgabe	70 000	8 000	6 000	1 000	83 000	76 000	7 000
3. Kraftstromabgabe	40 000	3 000	9 000	1 000	51 000	49 000	2 000
Summen	110 000	24 000	15 000	2 000	147 000	138 000	9 000

Entwicklung der kaufmännischen Buchführung aus der Kameralistik

Ausgaben	Ausgabe Soll		Zugang (Mehrkredite)	Abgang Ersparnisse	Wirkliches Soll	Ist nach den Kassenbüchern	Verbliebene Reste (Bestände)
	nach dem Haushaltplan	Reste aus dem Vorjahr					
1	2	3	4	5	6	7	8
1. Bezogener Strom	60 000		2 000		62 000	59 000	3 000
2. Löhne und Gehälter	8 000		400		8 400	8 400	
3. Soziale Abgaben	800		40		840	840	
4. Materialien	1 500	500	300		2 300	2 200	100
5. Reparaturen	2 000	400		500	1 900	1 700	200
6. Zinsen	9 000	2 000			11 000	10 000	1 000
7. Steuern	4 000		3 000		7 000	2 000	5 000
8. Sonstige Ausgaben	5 000			1 000	4 000	4 000	
9. Vorabgabe an die Gemeinde	15 000				15 000	15 000	
Summen	105 300	2 900	5 740	1 500	112 440	103 140	9 300

Auf dieser kameralistischen Haushaltrechnung baut sich die Vermögensrechnung in drei Stufen (s. Anlage I und II) auf. Die Stufe 1 umfaßt nur die Ergebnisse der Haushaltrechnung; die Stufe 2 bezieht das Anlagevermögen, die Vorräte, die Sparguthaben und die langfristigen Schulden in die Rechnung ein; die Stufe 3 beseitigt die Mängel der internen Rechnungsabgrenzung und der Rechnungsabgrenzung gegenüber der Gemeinde. Zum ordentlichen Nachweis der Veränderungen ist es erforderlich, für jede der drei Stufen darzustellen A. die Eröffnungsbilanz, B. die Schlußbilanz, C. die Gewinn- und Verlustrechnung, D. die Differenzenprobe für die betreffende Entwicklungsstufe.

S t u f e 1: **Ergebnis der Haushaltsrechnung**

A. Eröffnungsbilanz zum 1. 1. 1954

Aktiva		Passiva	
Forderungen	11 000	Eigenkapital	21 100
Kassenbestand	13 000	Lieferantenschulden	900
		Sonstige Schulden	2 000
	24 000		24 000

B. Schlußbilanz zum 31. 12. 1954

Aktiva		Passiva	
Forderungen	9 000	Eigenkapital	21 100
Kassenbestand	34 860	Lieferantenschulden	3 300
		Sonstige Schulden	6 000
		Bilanzgewinn (Vermögenszunahme)	13 460
	43 860		43 860

C. Gewinn- und Verlustrechnung

Aufwand			Ertrag	
Bezogener Strom		62 000	Lichtstromabgabe	75 000
Löhne u. Gehälter		8 400	Kraftstromabgabe	48 000
Soziale Abgaben		840		
Materialien		1 800		
Reparaturen		1 500		
Zinsen		9 000		
Steuern		7 000		
Sonstige Ausgaben		4 000		
Überschuß:				
Vorabgabe	15 000			
Bilanzgewinn	13 460	28 460		
		123 000		123 000

D. Differenzprobe

Sie kommt erst für die späteren Stufen in Betracht.

E. Erläuterungen

Aus der Schlußbilanz ergibt sich eine Vermögenszunahme (ein Bilanzgewinn von 13 460,— DM. Diese Vermögenszunahme ist in der Gewinn- und Verlustrechnung ordnungsmäßig und lückenlos nachgewiesen. Jede Berechnung, die diese Lückenlosigkeit nicht besitzt, muß nach meiner Auffassung als unzureichend bezeichnet werden.

Im übrigen bestehen zwischen Stufe 1 und Haushaltrechnung folgende Beziehungen:

Forderungen	= Einnahmereste aus dem Vorjahr.
Lieferantenschulden	= Ausgabereste aus dem Vorjahr für Strom, Material und Reparaturen.
Sonstige Schulden	= Ausgabereste aus dem Vorjahr für Zinsen und Steuern.

Eigenkapital der Eröffnungsbilanz = Aktiven abzüglich Schulden.
Aufwand = wirkliches Ausgabesoll abzüglich Reste aus dem Vorjahr.
Ertrag = wirkliches Einnahmesoll abzüglich Reste aus dem Vorjahr.

Überschuß und Bilanzgewinn (Vermögenszunahme) unterscheiden sich um die Vorabgaben ohne Gegenleistung an die Gemeinde. Der Überschuß muß s ä m t l i c h e Vorabgaben ohne Gegenleistung enthalten, also auch etwa nicht vorgetragene Kassenbestände und Reste, die Kosten der Straßenbeleuchtung usw. Sind die Kosten der Straßenbeleuchtung der Gemeinde noch nicht in Rechnung gestellt, so ist das nachzuholen. Der Rechnungsbetrag wird für den Betrieb Ertrag; der gleiche Betrag erscheint entweder als zusätzliche Vorabgabe oder (wie in unserem Beispiel weiter unten) als Forderung an die Gemeinde, die bei Ablieferung des Bilanzgewinnes einzubehalten ist. Das gleiche gilt für einen nicht vorgetragenen Kassenbestand.

S t u f e 2: **Einbeziehung des Anlagevermögens, der Vorräte, der Sparguthaben und der langfristigen Schulden**

Zur Erreichung der Ergebnisse der Stufe 2 sind eine Reihe von Ziffern außerhalb der Bücher heranzuziehen. Das Ergebnis dieser Feststellungen sei folgendes:

a) Anlagevermögen und Abschreibungen

Anlage	Wert 1. 1. 1954	Abschreibung 1954 %		Zugänge 1954
Grundstücke	4 000	—	—	—
Umspannergebäude	11 000	2	220	—
Umspanner	40 000	4	1 600	—
Leitungsnetz	80 000	4	3 232	800
Einrichtung	2 000	10	240	400
	137 000		5 292	1 200

Die Zugänge sollen, wie wir annehmen, in der Haushaltrechnung in den Ausgaben für Reparaturen enthalten sein.

b) Umlaufvermögen und Verbindlichkeiten

Konto	1. 1. 1954	31. 12. 1954	Zunahme (+) Abnahme (—)
Aktiven: Vorräte	900	700	— 200
Sparguthaben	8 000	7 000	— 1 000
Passiven: Tilgungsdarlehen	98 000	95 000	— 3 000

Entwicklung der kaufmännischen Buchführung aus der Kameralistik

Von der Tilgung seien 1 000 dem Sparkassenbuch entnommen, der Rest von 2 000 sei in der Haushaltrechnung als Zinsausgabe verbucht.

Durch Einbeziehung dieser Vorgänge in die Vermögensrechnung der Stufe 1 ergibt sich nunmehr folgende Neuaufstellung, in der die Veränderungen mit Kreuz versehen worden sind.

Stufe 2: **Einbeziehung des Anlagevermögens, der Vorräte, der Sparguthaben und der langfristigen Schulden**

A. Eröffnungsbilanz zum 1. 1. 1954

Aktiva		Passiva	
Anlagevermögen		Eigenkapital	69 000 +
Grundstücke	4 000 +	Verbindlichkeiten	
Gebäude	11 000 +		
Umspanner	40 000 +	Tilgungsdarlehen	98 000 +
Leitungsnetz	80 000 +	Lieferantenschulden	900
Einrichtung	2 000 +	Sonstige Schulden	2 000
Umlaufvermögen			
Vorräte	900 +		
Sparkassenbuch	8 000 +		
Forderungen	11 000		
Kassenbestand	13 000		
	169 900		169 900

B. Schlußbilanz zum 31. 12. 1954

Aktiva	Vortrag	Zugang		Passiva	
				Eigenkapital	69 000
Anlagevermögen				Erneuerungskonto	5 292 +
Grundstücke	4 000	—.—	4 000		
Gebäude	11 000	—.—	11 000	Verbindlichkeiten	
Umspanner	40 000	—.—	40 000		
Leitungsnetz	80 000	800 +	80 800	Tilgungsdarlehen	95 000 +
Einrichtung	2 000	400 +	2 400		
Umlaufvermögen				Lieferantenschulden	3 300
Vorräte		700 +		Sonstige Schulden	6 000
Sparkassenbuch		7 000 +			
Forderungen			9 000	Bilanzgewinn	11 168 +
Kassenbestand			34 860		
			189 760		189 760

C. Gewinn- und Verlustrechnung

Aufwand			Ertrag	
Bezogener Strom		62 000	Lichtstromabgabe	75 000
Löhne und Gehälter		8 400	Kraftstromabgabe	48 000
Soziale Abgaben		840		
Materialien		2 000 +		
Reparaturen		300 +		
Zinsen		7 000 +		
Steuern		7 000		
Abschreibungen		5 292 +		
Sonstige Ausgaben		4 000		
Überschuß:				
Vorabgabe	15 000			
Bilanz- gewinn	11 168 +	26 168		
		123 000		123 000

D. Differenzprobe zwischen Stufe 1 und Stufe 2

Vorratsminderung	200	Überschuß Stufe 1	28 460
Abschreibungen	5 292	Anlagezugänge	1 200
Überschuß Stufe 2	26 168	Tilgung in Zinsen	2 000
	31 660		31 660

E. Erläuterungen

Die Zunahme des Eigenkapitals der Eröffnungsbilanz von 21 100 DM auf 69 000 DM, also um 47 900 DM, ergibt sich aus dem Unterschied der neu hinzugekommen (mit Kreuzchen bezeichneten) Aktiven und Passiven. Die neuen Aktiven betragen 145 900 DM, die neuen Passiven 98 000 DM, die Zunahme danach 47 900 DM.

Die Ausgabe für Material betrug laut Stufe 1 1800 DM, die Vorräte haben sich um 200 DM vermindert; der Materialverbrauch beträgt also in Wirklichkeit 2000 DM.

Die Abschreibungen erscheinen erstmalig in der Erfolgsrechnung mit 5292 DM als Aufwand; der gleiche Betrag erscheint unter den Passiven der Bilanz als Erneuerungs- oder Wertberichtigungskonto.

Um die Anlagezugänge der Bilanz von 1200 DM vermindern sich in der Erfolgsrechnung die Ausgaben für Reparaturen.

82 Entwicklung der kaufmännischen Buchführung aus der Kameralistik

Von der Tilgung sind aus dem Vermögen (Sparguthaben) außerhalb der Haushaltrechnung und Erfolgsrechnung 1000 DM geleistet. Auch der Rest ist erfolgsunwirksam zu verbuchen. Es mindern sich deshalb die Zinsen in der Erfolgsrechnung um 2000 DM. Beide Posten zusammen ergeben die Darlehensminderung auf der Passivseite der Bilanz von 3000 DM.

Stufe 3: Einbeziehung der Rechnungsabgrenzung

Während das in der Haushaltrechnung erfaßte wirkliche Einnahmesoll nach Abzug der Vorjahresreste fast in jedem Falle bei richtiger Verbuchung bereits weitgehend dem Ertrag entspricht, kann die Isteinnahme nach den Kassenbüchern unter Umständen infolge der Resteverrechnung weit hinter dem Ertrag zurückbleiben oder ihn überschreiten. Entsprechend nähert sich meist das wirkliche Ausgabesoll nach Abzug der Vorjahrsreste schon weitgehend dem Aufwand, während die Istausgabe nach den Kassenbüchern sich oft wesentlich davon unterscheidet. Beim wirklichen Soll sind allerdings Bestände, Abschreibungen, Zugänge und Tilgungen meist noch nicht erfaßt. In der Praxis wird aber gegen die Grundsätze über die Rechnungsabgrenzung insofern vielfach verstoßen, als nur solche Posten in die Resteverrechnung einbezogen werden, zu welchen schon Istteilzahlungen vorliegen, während die Einstellung von Zugängen und Abgängen zum Soll keineswegs das Vorliegen wirklicher Zahlungen zur Voraussetzung hat.

Im Beispiel ist angenommen, daß nur die Rechnungsabgrenzung der Schlußbilanz ungenau war. Die Eröffnungsbilanz wurde als richtig unterstellt, obwohl dies praktisch vielfach nicht der Fall ist. Für die Schlußbilanz sollen folgende Posten zusätzlich zu berücksichtigen sein:

		DM
a)	Verwaltungsleistungen der Gemeinde (Aufwand des Betriebes, unter den sonstigen Ausgaben zu verbuchen)	4000
b)	Rechnungsabgrenzung (Aufwand):	
	Abschreibung auf uneinbringliche Forderungen	1600
	Fehlendes Ausgabesoll für Materialrechnungen	600
	Fehlendes Ausgabesoll für Gewerbesteuer	2000
		8200
c)	Betriebsabrechnung für Straßenbeleuchtung (Ertrag)	7000
	Mehraufwand (Überschußminderung)	1200

Das Zahlenbild der Stufe 2 ändert sich durch Einbeziehung dieser Vorgänge wie folgt:

Stufe 3: Einbeziehung der Rechnungsabgrenzung
A. Eröffnungsbilanz zum 1. 1. 1954. Unverändert wie in Stufe 2.

Entwicklung der kaufmännischen Buchführung aus der Kameralistik

B. Schlußbilanz zum 31. 12. 1954

Aktiva	Vortrag	Zugang		Passiva	
Anlagevermögen				Eigenkapital	69 000
Grundstücke	4 000	—	4 000		
Gebäude	11 000	—	11 000	Erneuerungs-	
Umspanner	40 000	—	40 000	konto	5 292
Leitungsnetz	80 000	800	80 800	Verbindlich-	
Einrichtung	2 000	400	2 400	keiten	
Umlaufvermögen				Tilgungs-darlehen	95 000
Vorräte			700	Lieferanten-	
Sparkassenbuch			7 000	schulden	3 900 +
Forderungen			7 400 +	Sonstige	
Forderung an die Gemeinde			3 000 +	Schulden	8 000 +
Kassenbestand			34 860	Bilanzgewinn	9 968 +
			191 160		191 160

C. Gewinn- und Verlustrechnung

Aufwand			Ertrag	
Bezogener Strom		62 000	Lichtstromabgabe	75 000
Löhne und Gehälter		8 400	Kraftstromabgabe	48 000
Soziale Abgaben		840	Straßenbeleuchtung	7 000 +
Materialien		2 600 +		
Reparaturen		300		
Zinsen		7 000		
Steuern		9 000 +		
Abschreibung auf Anlagen		5 292 +		
Abschreibung auf Forderungen		1 600 +		
Sonstige Ausgaben		8 000 +		
Überschuß:				
Vorabgabe	15 000			
Bilanzgewinn	9 968 +	24 968 +		
		130 000		130 000

D. Differenzprobe zwischen Stufe 2 und 3

Verwaltungskosten	4 000	Überschuß nach Stufe 2	26 168
Forderungsverlust	1 600	Straßenbeleuchtung	7 000
Materialrest	600		
Gewerbesteuer	2 000		
Überschuß nach Stufe 3	24 968		
	33 168		33 168

E. Erläuterungen

Die Forderungen in der Bilanz vermindern sich durch Absetzung der uneinbringlichen Beträge um 1600 DM. In gleicher Höhe tritt in der Erfolgsrechnung ein neuer Aufwandposten auf.

Als neuer Bilanzposten tritt eine Forderung an die Gemeinde von 3000 DM auf. Es handelt sich um die Belastung für Straßenbeleuchtung (7000 DM) abzüglich Gutschrift für die Verwaltungsleistungen der Gemeinde (4000 DM).

Die Lieferantenschulden erhöhen sich um die nicht verbuchte Rechnung von 600 DM. Um den gleichen Posten erhöht sich der Materialaufwand, da Vorräte aus dieser Materialrechnung am Bilanzstichtage lt. Inventur nicht mehr vorhanden waren.

Die sonstigen Schulden erhöhen sich um die Rückstellung für Gewerbesteuer von 2000 DM; um den gleichen Betrag steigt die Steueraufwand.

Der Bilanzgewinn der Stufe 2 von 11 168 DM vermindert sich um den Unterschied der neu verbuchten Erträge und Aufwendungen, nämlich um 1200 DM auf 9968 DM.

Zur Technik der Durchführung

Hinsichtlich der äußeren Form der Vermögensrechnung ist zunächst die Frage zu entscheiden, ob die Vermögensrechnung die Gestalt der kaufmännischen Bilanz oder z. B. die der Vermögensaufstellung für die Vermögenssteuer oder eine eigentümliche kameralistische Gestalt haben soll.

Ich bin zu dem Ergebnis gekommen, daß eine besondere kameralistische Gestalt nicht wünschenswert ist.

Alle Versuche, die Vermögensrechnung mit der Haushaltrechnung direkt zu verbinden sind abzulehnen, weil sie zu umständlich sind und weil die Abschlüsse einem möglichst großen Personenkreis verständlich sein müssen. Selbst wenn man daher *eine der kaufmännischen Form überlegene Abschlußform noch entdecken sollte*, was nicht sehr wahrscheinlich ist, so ist dennoch wegen der allgemeinen Verbreitung die kaufmännische Form der Abschlüsse vorzuziehen.

Soweit ich es übersehe, kommen vorerst zwei Wege in Betracht, um aus der Haushaltrechnung Vermögensrechnungen mit Nachweis der Veränderungen des Vermögens aufzubauen, der isolierte und der kontinuierliche Aufbau.

Der Nachweis der Veränderungen im isolierten Aufbau

Das vorgetragene Beispiel ging den Weg des *isolierten Aufbaus*. Er erfordert einen hohen Grad von Aufmerksamkeit und die Beherrschung der Zusammenhänge zwischen Einnahmen und Ausgaben sowie zwischen Aufwand und Ertrag. Diese Beherrschung kann aber von den ausführenden Kräften in kleinen Betrieben nicht verlangt werden. Infolge der fehlenden Zwangsläufigkeit werden bei isoliertem Aufbau leicht Fehler unterlaufen, die sich für die Selbstkostenrechnung und die Beurteilung der wirtschaftlichen Verhältnisse verhängnisvoll auswirken können. Der kontinuierliche Aufbau ist daher unbedingt vorzuziehen.

Der kontinuierliche Aufbau

Zunächst ist die Eröffnungsbilanz nach kaufmännischen Grundsätzen in das (sog. tote) Hauptbuch einzutragen.

Für die kontinuierliche Durchführung der Vermögensrechnung kommen sodann zwei Verfahren in Frage. Man kann entweder die Summen der Haushaltrechnung mit kaufmännischen Buchungsansätzen durch ein Grundbuch monatlich in das Hauptbuch übernehmen oder Kassenbestand und Reste am Jahresanfang auf ein Konto Haushaltrechnung übertragen und am Ende des Jahres einmalig den Abschluß der Haushaltrechnung über dieses Verbindungskonto übernehmen. Das zweite Verfahren entspricht der vielfach üblichen Koppelung von Geheimbuchhaltung und offener Buchhaltung in der kaufmännischen Buchführung. In diesem Falle ist die *Haushaltrechnung* in der *Abschlußbuchhaltung als eine Art Filialbuchhaltung* behandelt. Zu Beginn des Rechnungsjahres werden die Geldbestände auf die Filiale übertragen; während des Jahres arbeitet die Filiale mit den Geldbeständen und verarbeitet die Einnahmen und Ausgaben; am Ende des Jahres wird die Filiale liquidiert. Das Verfahren hat den Vorteil, daß die Abschlußbuchhaltung jährlich nur eine ganz geringe Zahl von

Buchungen erfordert. Dem steht jedoch als schwerer Nachteil entgegen, daß auch kaufmännisch geschulte Kräfte sich in das Abhängigkeitsverhältnis der beiden Buchhaltungskreise nur schwer hineinzudenken vermögen.

Die im Zuge der Erläuterungen etwas zwangsläufig verzettelte Form der isolierten Aufstellung eines kaufmännischen Abschlusses bei kameralistischer Buchführung ist in den nachfolgenden beiden Anlagen nochmals tabellarisch dargestellt.

Schlußwort

Es kam mir darauf an, aus dem Thema: „Buchführung und Bilanz" Dinge herauszugreifen, die in den heute greifbaren Lehrbüchern nicht oder nur unvollständig behandelt sind.

Dazu zählte an erster Stelle eine vernünftige *Erklärung der „Doppik"* und die Schulung des Denkens in Bilanzveränderungen.

Sodann sollten die übergeordneten Überlegungen herausgearbeitet werden, die zur *Gestaltung von Kontenrahmen und Kontenplänen* anzustellen sind. Schließlich kam es mir darauf an, einmal die Zusammenhänge zwischen der *Kameralistik und der kaufmännischen Buchführung* zahlenmäßig darzustellen.

Ich schließe mit der Hoffnung, daß es mir gelungen ist, die behandelten Gegenstände den Lesern näher zu bringen.

Anlage I: Aufstellung einer Vermögensrechnung bei kameralistischer Buchführung

Entwicklung der Bilanzen von Stufe I – III

	Eröffnungsbilanz		I. Stufe Veränderungen		II. Stufe		Veränderungen		III. Stufe	
	Soll	Haben	Soll	Haben	Soll	Haben	Soll	Haben	Soll	Haben
Eröffnungsbilanz										
Aktiva										
Grundstücke			4 000		4 000				4 000	
Gebäude			11 000		11 000				11 000	
Transformator			40 000		40 000				40 000	
Leitungsnetz			80 000		80 000				80 000	
Einrichtung			2 000		2 000				2 000	
Vorräte			700		900				900	
Sparkassenbuch			8 000		8 000				8 000	
Außenstände	11 000				11 000				11 000	
Kassenbestand	13 000				13 000				13 000	
Passiva										
Eigenkapital		21 000		47 900		69 000				69 000
Darlehen		900		98 000		98 900				98 900
Lieferantenschulden										
Sonstige Schulden		2 000				2 000				2 000
	24 000	24 000	145 900	145 900	169 900	169 900			169 900	169 900
Schlußbilanz										
Aktiva										
Grundstücke			4 000		4 000				4 000	
Gebäude			11 000		11 000				11 000	
Transformator			40 000		40 000				40 000	
Leitungsnetz			80 800		80 800				80 800	
Einrichtung			2 400		2 400				2 400	
Vorräte			700		700				700	
Sparkassenbuch	9 000		7 000		7 000			1 600	7 000	1 600
Außenstände	34 860				9 000				7 400	
Kassenbestand					34 860				34 860	
Passiva										
Eigenkapital		21 100		47 900		69 000				69 000
Erneuerungsfonds				5 292		5 292				5 292
Darlehen				95 000		95 000				95 000
Lieferantenschulden		3 300				3 300		600		3 900
Sonstige Schulden		6 000				6 000		2 000		8 000
Bilanzgewinn		13 460	2 292			11 168				6 968
	43 860	43 860	148 192	148 192	189 760	189 760	4 200	4 200	188 160	188 160

Anlage II: **Aufstellung einer Vermögensrechnung bei kameralistischer Buchführung**

Entwicklung der Gewinn- und Verlustrechnung von Stufe I — III

	I. Stufe		Veränderungen		II. Stufe		Veränderungen		III. Stufe	
	Soll	Haben	Soll	Haben	Soll	Haben	Soll	Haben	Soll	Haben
Aufwand bzw. Strom	62 000				62 000				62 000	
Löhne u. Gehälter	8 400				8 400				8 400	
Soziale Abgaben	840				840				840	
Materialien	1 800		200		2 000		600		2 600	
Reparaturen	1 500			1 200	300				300	
Zinsen	9 000			2 000	7 000				7 000	
Steuern	7 000				7 000		2 000		9 000	
Sonstige Ausgaben	4 000				4 000		4 000		8 000	
Abschreibungen			5 292		5 292				5 292	
Zuschuß	15 000				15 000		3 000		18 000	
Bilanzgewinn	13 460			2 292	11 168		1 600	4 200	6 968	
Ertrag Strom für Beleuchtung		75 000				75 000				73 400
Strom für Kraft		48 000				48 000				48 000
Strom für Straßenbeleuchtg.								7 000		7 000
	123 000	123 000	5 492	5 492	123 000	123 000	11 200	11 200	128 400	128 400

Literaturverzeichnis

Bournisien, Essai de Philosophie Comptable, Limoges 1919.

Geldmacher, E., Wirtschaftsvermerke zur Bilanz 1. Teil Berlin 1923.

Muscheid, W., Schmalenbachs Dynamische Bilanz, Köln-Opladen 1957.

Rieger, W., Schmalenbachs Dynamische Bilanz, Stuttgart 1936 und 1954.

Schmalenbach, E., Dynamische Bilanz, 2. Auflage, Leipzig 1920, 3. Auflage Leipzig 1925, 8. Auflage, Bremen-Horn 1947.

Schmalenbach, E., Doppelte Buchführung, Köln-Opladen 1950.

Printed by Libri Plureos GmbH
in Hamburg, Germany